SCHNITTLAUCH BASIL
PFEFFER PETERSIL
WIEBELN
KRÄUTERLINGE KNOBLAUCH INGWER ZW
AUCH BASILIKU
rororo
WIEBELN SALZ PFEFFER PETERSILI
KNOBLAU
PFEFFER
KRÄUTERLINGE
KUM IN
DILL BASILIKUM KRÄUTERLI
BELN
SALZ PF
KRÄUTER NG
PETERSI
KRÄUTERLINGE
BASILI
ETERSILIE SCHNITTLAUCH
ILL ZWIEBELN SALZ PFEFFER PETERSIL
LAUCH
ERL

ZU DIESEM BUCH

Sie müssen nicht kochen, täten es aber manchmal gern?
Sie können nur nebenbei einmal ein Essen für Freunde planen?
Sie kommen oft erst nach Hause, wenn höchstens noch der Türke an der Ecke geöffnet hat?
Sie zählen zu den Chaoten, die beim Einkaufen immer die Hälfte vergessen? (Oder zu den Blendern, die, wenn sie schon kochen, auch bewundert werden wollen?)
Ihre High-Tech-Küche wurde bisher sträflich unterfordert?

Probieren Sie es doch zum Beispiel einmal mit Gisela Krahls «irgendwie exotischem Fisch»: Sie brauchen Fischfilet, eine gelbe, eine rote Paprikaschote, einen Knubbel Ingwer, Sojasauce, Zwiebeln, Balsamessig – und dieses schlaue Buch.

DIE AUTORIN

Gisela Krahl (1944 – 2000) lebte als Autorin und Lektorin mit ihrer Familie in Hamburg.
Weitere Veröffentlichungen im Rowohlt Wunderlich Verlag: «Frech auf den Tisch. Wenn die Schlampe feiert» (1999), «Schlampenküche für verspielte Mütter» (2000).

IMPRESSUM

Sonderausgabe
Veröffentlicht im Rowohlt Taschenbuch Verlag GmbH,
Reinbek bei Hamburg, November 2000

Umschlaggestaltung Büro Hamburg,
Régine Thienhaus
(Foto: Felix Wirth)
Gesamtherstellung Clausen & Bosse, Leck
Printed in Germany
ISBN 3 499 60898 7

GISELA KRAHL

DAS SCHLAMPEN KOCHBUCH

Für gewitzte
Anfänger,
eilige Gourmets
und alle,
die mit links etwas
zaubern möchten

ROWOHLT TASCHENBUCH VERLAG

SCHLAMPIG KOCHEN –

KLEINER HUNGER UND PLÖTZLICHER APPETIT

Rezepte für Couchpotatoes, Singles und andere Sozialfälle, und für die Nachbarin, die spät noch klingelt

SPONTANE GELAGE

Rezepte für Überfälle – wenn nach dem Kino alle mit hochkommen

FULL HOUSE

Rezepte für die große Runde an einem Tisch

WENN DIE BESUCHER NOCH VON GESTERN SIND

Rezepte fürs Frühstück und für ein Pop-up-Brunch mit Morgenmuffeln

SCHLAMPIG KOCHEN – UNBEKÜMMERT KOCHEN

Wer sich selbst, der Liebsten oder seinen Lieben Gutes tun will, möchte ab und zu etwas Köstliches auftischen und merkt: Kochen ist eine Frage von Energie und Lust. Reicht die Energie für ein Experiment? Soll es ein vernünftiges Nudelgericht geben oder einen Salat, ist genug Zeit vorhanden, ein Huhn zu füllen, etwas Prächtiges zu schaffen, oder soll es ganz leicht und flink gehen?

Berufstätige haben es trotz günstigerer Ladenschlußzeiten nicht leicht, ein Abendessen zu organisieren. Die Bereitschaft, am Herd zu werkeln, ist vorhanden, nur hemmt der Gedanke, daß nichts im Haus ist oder doch wieder die Hälfte fehlt. Vielleicht mangelt es aber nur an der Vorstellung von der Leckerei, deren Einzelteile in den Schränken herumlungern und darauf warten, zusammengefügt zu werden?

Das klappt besonders gut, wenn man gewisse Basics gehortet hat und kombinatorische Experimente nicht scheut. Auf den Geschmack der Speise kommt es an – nicht darauf, sklavisch Kochrezepte zu befolgen oder der verfirlefanzten Küche von Sterne-Restaurants hinterherzukochen.

Schlampen und Schlamper in der Küche trauen sich alles und zweifeln nicht gleich an sich, wenn einmal etwas weniger hinreißend schmeckt. Das passiert nämlich auch Profiköchen.

Öffnen Sie Ihren Kühlschrank! Selbst wenn Sie da nur eine halbvolle Flasche Wein und in der hintersten Ecke eine Zwiebel, eine wellige Käsescheibe und eine Tomate entdecken, haben Sie doch alles, um sich ein gutes Mahl zu bereiten. Prüfen Sie die Liste mit dem Notvorrat für Gewitzte auf Seite 146. Wahrscheinlich befindet sich die Hälfte der dort genannten Dinge längst in Ihren Schubladen und Borden, und Sie

könnten sofort ein zwölfgängiges Menü für vier Personen zaubern, über das sich niemand beschweren würde. Haben Sie zum Beispiel Mehl und Reis, Milch, Butter, Eier und Käse da? Dann könnten Sie den netten Menschen, der unerwartet hereinschneit, bereits zwischen mindestens fünf Gerichten wählen lassen. Zugegeben, ohne Brühwürfel und Knoblauch stehen Sie ein bißchen ärmlich da, aber schon wenn Sie ein paar getrocknete Kräuter, haltbare Sahne, Schnaps und Wein im Haus haben, können Sie sich weltweit inspirieren lassen.

Sollte es an Kräutern der Provence fehlen, rieseln bei der Suche vielleicht ein paar chinesische Überraschungen aus dem Regal, oder ein indisches Gewürzpäckchen bringt alle engen Vorsätze durcheinander. Kochen ist auch schnüffeln, schmecken, träumen, meditieren.

Auf der Einkaufsliste für den ständigen Vorrat finden Sie die Seitenzahlen mit den möglichen Rezepten. Schnalzen Sie mit der Zunge und schmecken Sie in Gedanken ab, prüfen Sie, ob Sie die nötigen Zutaten haben, oder entscheiden Sie sich für eine Variante.

Ein Kochbuch soll vor allem Anregungen und Ideen bieten. Allzu genaue Angaben verunsichern nur. Der Schlampenkoch ist gegen die Enttäuschungen der gehorsamen Pedanten gefeit, denn er ist ein Turbokoch: Schritt-für-Schritt-Vorschriften überholt er links. Die Schlampenköchin liest ein Rezept, schmeckt nach oder voraus, legt dann das Buch weg und greift zum Topf. Mit Lust und Appetit und einer entschiedenen Ahnung vom Ungefähren.

Und wenn's nicht gleich ein Triumph wird, dann bestimmt beim nächsten Mahl.

KLEINER HUNGER UND PLÖTZLICHER APPETIT

Rezepte für Couchpotatoes, Singles und andere Sozialfälle, und für die Nachbarin, die spät noch klingelt

SCHNELL, GUT UND OHNE SCHNICKSCHNACK

Die Entscheidung ist gefallen: kein Kino, kein Besuch lockt. Das Fernsehprogramm ist nicht übel, ein Badesalz ist vorhanden, der Anrufbeantworter eingeschaltet. Das ist der Beginn eines wunderbaren Abends.

Der wölfische Hunger allerdings macht unruhig. Die einzig wichtigen Fragen an diesem geruhsamen Abend: Will ich heute damit anfangen, zehn Kilo abzunehmen, und esse gar nichts? Hau ich mir etwas ganz Ferkeliges in die Pfanne und esse mit den Fingern, oder gönne ich mir eine delikate Schnuckerei, die ich eigentlich für anspruchsvolle Gäste vorgesehen habe?

Für die Ferkelei gibt es kein Rezept und keine Vorschläge, denn da hat jeder sein ganz persönliches Niveau. Die Bandbreite reicht von einem Pfund Marzipan mit Rotwein bis zu Dosenravioli, ohne Beschönigung kalt aus der Dose gegessen.

Ißt der Mensch allein, kann er machen, was er will, und Fraß macht manchmal Spaß. Für eine genüßliche und zugleich erhebende Abendzeit jedoch ist eine feine Kleinigkeit von großer Bedeutung, besonders wenn man während des Tages an Beachtung ein bißchen zu kurz gekommen ist. Aber wenn man allein ißt, mag man meistens nicht gern kochen. Hauptanliegen ist dann nicht die Bastelei am Herd, sondern der Genuß.

KARTOFFELBREI
PSYCHOLOGISCH WERTVOLL

Manche Freundinnen spenden einer Unglücklichen, bevor die verbale Zerkleinerung von schier unerträglichen Schicksalsschlägen beginnt, Trost mit einem weichen, warmen Kartoffelbrei. Mit nichts als einem dicken gelben Buttersee im Kartoffelkrater. Die Unglückliche findet ihre Mitte wieder und kann kiebig werden, anstatt zu flennen. Kartoffelbrei beeinflußt, genau wie Nudeln und Schokolade, den Serotoninstoffwechsel günstig und damit unsere Stimmung. Ein Bauch voll Kartoffelbrei macht glücklich, aber nicht dick.

SIE BRAUCHEN:
mehlig kochende Kartoffeln, Milch, Salz, Muskat, Butter

Es gibt eine wäßrige, blasse Kartoffelsorte, die Bintje heißt. Die wird von selbst zu Brei, ob man das will oder nicht. Sonst ist sie zu nichts zu gebrauchen. Sie können auch festkochende, alte Kartoffeln nehmen. Nur Frühkartoffeln eignen sich nicht. Sie haben zuwenig Bindung. Kartoffeln werden gewaschen und mit der Schale gar gekocht. Wenn sie gepellt sind, verschmähen Sie Elektromixer und Schneidstab, denn die erzeugen eine klebrige Masse. Stampfen Sie den Knollenberg mit einem Kartoffelstampfer oder treiben ihn durch eine Kartoffelpresse. Dann kommt Milch hinzu – angewärmt, gesalzen und muskatiert –, gerade so viel, daß der Brei geschmeidig wird und schließlich mit dem Kochlöffel geschlagen werden kann. Nun noch ein beherzter Griff ins Butterfaß, die Butter schmilzt schnell, und der Brei ist fertig. Kleine Klümpchen müssen unbedingt bleiben. Man kann den Brei warm stellen und später noch einmal mit etwas heißer Milch durchrühren. Für einen psychologisch wertvollen Brei ist das Kartoffelpulver in der Tüte ungeeignet. Trotzdem schätzt es der umsichtige Chaotenkoch manchmal. Zum Binden von Suppen und Saucen ist es durchaus zu gebrauchen.

VARIATIONEN:
Zwei **Spiegeleier** dazu, und Sie haben ein ernährungsphysiologisch vollwertiges Gericht. Sie können den Brei auch mit **Knoblauch** und **Olivenöl** würzen und mit **Käse** übergrillen; Sie können Kräuter unter den Brei mischen, zum Beispiel feingehacktes oder püriertes frisches **Basilikum**, das Sie mit der Milch unter den Brei heben. Butter dazu und mit **Pinienkernen** bestreuen. Oder Sie rühren **Olivenöl** in den fertigen Brei und schnippeln eingelegte getrocknete Tomaten oder schwarze Oliven hinein, außerdem Knoblauch, am besten durchgepreßt.

Eine französische Variante ist der mit **Sardellenpaste** und gepreßtem **Knoblauch** gewürzte Kartoffelbrei. Alle diese Kartoffelbreivariationen kann man zierlich an Fleisch und Fisch anlegen – oder wie einen Maulwurfshügel auf den Teller häufen und sich dran satt futtern. Eine weitere Variante ist der kalte Kartoffelbrei, den man mit Joghurt, Olivenöl und frischer Minze verrührt.

SCHLECKERTIP:
Kartoffelbrei mit Garnelen

Haben Sie Konservendosen mit **Krebsbutter** und **Ketakaviar** im Haus? Rühren Sie Krebsbutter und Schlagsahne unter den Brei; würzen Sie mit **Cayennepfeffer, Muskat,** frischem **Dill** und **Zitrone.** Für jeden Esser braten Sie drei oder mehr **Riesengarnelen** in **Butter, Salz** und **Cognac.** Nun häufen Sie einen Berg Kartoffelbrei auf einen großen, heißen Teller, lassen roten Ketakaviar darüberregnen und hängen die Garnelen träge über den Gipfel. Das sieht aus!

GOLDIGE SPÄTZLE

Knusprig goldene Spätzle verbreiten Zufriedenheit ebenso wirksam wie Kartoffelbrei. Sie sind noch leichter herzustellen, auch in großen Portionen. Wenn Sie nur für sich und die Nachbarin Spätzle backen, brauchen Sie 200 g Mehl und 3–4 Eier. Die richtige Schwäbin schabt die Spätzle vom Brett ins heiße Wasser, doch mit der wollen wir uns nicht anlegen. Die schlampige Küchenfee ist ihr an Schnelligkeit weitaus überlegen.

SIE BRAUCHEN:
200 g Mehl, 3 Eier, 1 Eßlöffel Wasser, 1 Prise Salz,
1 buntes, billiges Durchschlagsieb aus Plastik

Setzen Sie einen Topf mit Wasser auf den Herd, und stellen Sie eine Schüssel mit gesalzenem, kaltem Wasser daneben. Während das Wasser heiß wird, prügeln Sie

Mehl und Eier in einer weiteren Schüssel mit einem Kochlöffel durch, bis der Teig so glatt und geschmeidig ist, daß er Blasen wirft. Das geht ganz schnell.
Eine Prise Salz hinein und ein paar Umdrehungen der Muskatmühle darüber. Kocht das Wasser schon? Dann nehmen Sie das Plastiksieb mit den ausgestanzten viereckigen Löchern, füllen einen Teil des Teiges hinein, halten es flugs schräg über das kochende Wasser und streichen den Teig mit einem Löffelrücken durch die Löcher. Wenn der Teig flüssig genug ist (geben Sie sonst noch einen Schluck Wasser dazu, aber ja nicht zuviel!), geht das ganz schnell, denn er tropft schon fast von allein hindurch und kocht in Windeseile in langen und kurzen kleinen Knubbeln wieder an die Oberfläche.
Wenn alle oben schwimmen, sammeln Sie sie mit einer Schaumkelle ein und werfen sie kurz ins kalte, gesalzene Wasser. Setzen Sie eine Pfanne mit Butter auf, holen Sie die Spätzle aus dem Wasser und lassen Sie sie abtropfen.
Nun braten Sie die Spätzle in einer Pfanne mit Butter schön goldbraun und knusprig. Das ergibt eine tröstende Mahlzeit, sanft und sättigend. Mit und ohne Sauce.

VARIATIONEN:

Käsespätzle

Für die berühmten Käsespätzle schichtet man die gekochten Spätzle mit Butter und viel geriebenem **Käse,** zum Beispiel dem würzigen Appenzeller, in eine Auflaufform, läßt alles im Backofen überkrusten und streut braungebratene **Zwiebelringe** darüber.

Süße Spätzle

Wenn Sie ein Süßschnabel sind, streuen Sie **Zucker** und **Zimt** über die gebratenen Spatzen und servieren Apfelmus dazu oder lassen es bleiben. Sie können die ungebratenen Spätzle im Kühlschrank aufbewahren, wenn Sie sie in ein bißchen **Öl** wälzen, damit sie nicht verkleben, und abdecken, damit sie nicht austrocknen.

VERLORENE EIER IN ROTWEIN

Dieses Gericht eignet sich auch als Vorspeise für ein größeres Essen. Es braucht nicht viele Zutaten, und die, die nötig sind, werden sich hoffentlich im Vorrat befinden.

SIE BRAUCHEN:

2 Eier pro Person, Butter, durchwachsenen Speck, Thymian, Lorbeerblatt, 1 Zwiebel, 1–3 Knoblauchzehen, Salz, Pfeffer, Rotwein

Braten Sie eine Handvoll Speckstückchen in Butter aus und lassen Sie sie auf Küchenpapier abtropfen. Zwiebeln und Knoblauch werden kleingehackt und in der Speckbutter gedünstet. Wenn Sie noch eine Karotte oder eine Porreestange finden, dünsten Sie sie mit. Nun gießen Sie die ganze Flasche Rotwein darüber, am besten einen Burgunder oder einen Beaujolais, pfeffern, salzen und geben Thymian und Lorbeerblatt dazu und eine Prise Zucker. Diese Sauce muß 45 Minuten ohne Deckel einkochen. In der Zeit können Sie ein Bad nehmen. Gießen Sie jetzt die Sauce durch ein Sieb und lassen Sie sie weiterköcheln. Damit sie etwas dicker wird, verkneten Sie ein Stückchen Butter mit einem Teelöffel Mehl und verrühren das Klümpchen im Topf. Schlagen Sie ein Ei in einer Tasse auf und lassen Sie es vorsichtig, aber zügig in die Sauce rutschen. Dann das nächste Ei, aber nicht mehr als zwei oder drei auf einmal. Nach vier Minuten sind die Eier innen noch weich und außen fest. Wenn Sie für mehrere Personen kochen, nehmen Sie die Eier mit einer Schaumkelle aus dem Topf, halten sie warm und beginnen mit der nächsten Portion.

Die Eier sehen nicht mehr aus wie Eier, sondern wie Tintenbälle, das muß gesagt sein. Legen Sie getoastete Weißbrotscheiben in einen Teller, richten Sie zwei Eier darauf an, begießen sie mit Sauce und sprenkeln den Speck darüber. Mit einer weiteren Flasche Wein ist das ein rundes Mahl. Wenn Sauce übrigbleibt, um so besser. Sie hält sich lange.

SÜSSSAURE ZWIEBELN

Falls Ihnen beim Einkaufen nicht mehr eingefallen ist, als nach einer Bratwurst zu greifen oder einem Stück Fleisch, sind keine besonderen Genüsse zu erwarten. Es sei denn, Sie finden noch ein paar Zwiebeln, und das sollte doch möglich sein, sonst leihen Sie sich welche von der Nachbarin. Dann allerdings besteht die Aussicht auf einen sehr befriedigenden Schmaus, selbst wenn Sie noch nicht einmal Fleisch haben, sondern nur ein Stück Brot.

SIE BRAUCHEN:

2–3 weiße Zwiebeln, Butter, Weißwein, Weißweinessig oder Sherryessig, Zucker

Schneiden Sie die Zwiebeln in dünne Ringe und schmoren Sie sie in einem dicken Klacks Butter an. Dann salzen und pfeffern und immer schön rühren, damit sie nicht bräunen. Nun kommt ein Eßlöffel Zucker daran und ein Schuß Essig und gleich noch einer und auch ein Schnapsglas voll Weißwein, so daß die Zwiebeln baden, aber nicht schwimmen. Jetzt wird der Topf geschlossen, die Zwiebeln schmurgeln allein weiter. Es dauert zwar noch mindestens eine halbe Stunde, bis die Zwiebeln fein weich sind, aber die Arbeit ist getan. Wenn die Zwiebeln gar sind, nehmen Sie den Deckel vom Topf, schmecken noch einmal mutig ab mit Zucker, Salz, Essig oder Wein und lassen die Flüssigkeit verkochen, bis die Zwiebeln nur noch glänzen. Mit geröstetem Brot und Wein ist das köstlich und keineswegs karg.

VARIATIONEN:

Probieren Sie auch einmal rotes Zwiebelgemüse mit Rotwein und Rotweinessig. Lassen Sie 1 Eßlöffel Zucker schmelzen, geben Sie die geschnittenen Zwiebeln dazu, dann Butter oder Butterfett, Pfeffer, Salz, Essig, Rotwein und lassen Sie alles glasig und glänzend dünsten. Rote Zwiebeln sind sanfter im Geschmack als weiße. Deshalb können sie vielleicht auch ein bißchen Instantbrühe zur Geschmacksverstärkung vertragen.

SPANISCHES OMELETT

SIE BRAUCHEN:
Kartoffeln, Zwiebeln,
Olivenöl, Eier

Die Kartoffeln werden roh geschält und in kleine Würfel geschnitten, eine Zwiebel ebenso. Erhitzen Sie so viel Olivenöl in einer Pfanne – heiß muß es sein, darf aber nicht rauchen –, daß die Kartoffeln gut eingebettet sind. Salzen, pfeffern, Hitze herunterschalten und 10 Minuten braten. Ab und zu wenden.

Die Zwiebeln kommen erst dazu, wenn die Kartoffeln fast gar sind und Farbe annehmen. Dann lassen Sie alles mit Schwung in einem Sieb abtropfen. Nun werden 2–4 Eier schaumig geschlagen, gesalzen und mit den Kartoffeln gemischt. Neues Öl in der Pfanne erhitzen, die Ei-Kartoffel-Mischung in die Pfanne gießen und bei mittlerer Hitze 2–3 Minuten braten, bis das Ei unten fest ist, aber oben noch nicht ganz trocken.

Nun nimmt die Spanierin die Pfanne vom Feuer, legt einen Teller drüber, wendet die Chose mit Schwung und läßt dann das umgelegte Omelett wieder in die Pfanne rutschen, wo es kurz fertig brät. Danach gleitet es leicht und fest wie eine Scheibe oder zufällig geschichtet wie ein Trümmerberg auf einen neuen Teller und kann serviert werden.

Das ist ein magenfüllendes Gericht für eine Person. Für mehrere wird das spanische Omelett gerecht in Tortenstücke geteilt, die dann mit Tomatenvierteln oder mit Schnittlauch angehübscht werden.

GEWÜRZTE ÖLSARDINEN

Das ist eine unkomplizierte, kleine, leichte japanische Vorspeise, wenn man pro Person ein Fischlein verspeist. Wer davon mit einem Stück Brot eine ganze Dose verschlingt, hat die Option auf einen zweiten Gang verwirkt.

SIE BRAUCHEN:
Ölsardinen ohne Gräten in der Dose,
Sojasauce, Frühlingszwiebeln
und Rettich

Die Ölsardinen sollten abgetropft und mit Küchenpapier abgetupft werden. Mit japanischer Sojasauce würzen. Die Frühlingszwiebeln werden in feine Ringe geschnitten und locker über die Fische gestreut. Rettich auf der Küchenreibe in Streifen hobeln und über die Zwiebeln schneien lassen.

SCHWEINETOAST

SIE BRAUCHEN:
Toastbrot oder anderes Brot,
Ölsardinen, Tomaten, Gouda, Gruyère
oder anderen Käse zum Überbacken

Das Brot wird mit Sardinen, frischen Tomatenscheiben und Käse nur kurz gegrillt, damit der Käse schmilzt. Diese Speise heißt übrigens Schweinetoast, weil sie unter Gourmets verpönt ist, aber von schweinischen Gourmands gern verspachtelt wird.

FRITTATA

SIE BRAUCHEN:
Irgendein Gemüse wie Kohlrabi,
Bohnen, Wurzeln oder Zucchini,
Olivenöl, Eier, Muskat, Sahne

Schneiden Sie das Gemüse klein und braten Sie es in dem Öl scharf und schnell an. Dann verquirlen Sie zwei Eier mit 1 Tasse Sahne, salzen und muskatieren die Masse und kippen sie in die Pfanne. So entsteht eine Art Gemüsepfannkuchen. Einmal wenden, dann verspeisen.

QUICKE SUPPEN, KALORIENARM UND BAUCHWÄRMEND

Viele durchaus bißfeste Menschen ernähren sich am liebsten von warmen, weichen Suppen. Besonders beliebt sind Gemüsecremesuppen. Sie heizen ein, sättigen, trösten, machen schlank, satt und zufrieden. Suppen kann man aus guten Konserven zaubern, aus haltbaren Trockenlebensmitteln, eventuell aus Tiefkühlware, doch ab und zu gibt es eine frisch gekochte Suppe. Wenn man *eine* cremige Gemüsesuppe herzustellen weiß, hat man sie alle im Repertoire.

Ganz wichtig für die Suppenzubereitung ist, daß man einen Mixer oder besser noch einen kräftigen Schneidstab besitzt. (Kräftig heißt: etwa 180–200 Watt. Die Pürierstäbe, die als Zubehör bei Rührgeräten mitgeliefert werden, sind eher Kinderspielzeuge, die bei einer tüchtigen Suppenfee keine zwei Monate alt werden und im Ernstfall nur zerschnippeln, aber nicht pürieren.)

Frische, pürierte Gemüsesuppen sind einfach und schnell zuzubereiten und genial für die Verwertung von unscheinbaren wie von anspruchsvollen Resten. Ein Bund Suppengrün oder Karotten, Porree oder Sellerie halten sich gut eine Woche lang im Gemüsefach des Kühlschranks, rote Beete und Kartoffeln noch länger. Selbst kleine Menschen, die kein Gemüse mögen, lassen es sich püriert und geschmacklich geglättet schmecken.

Im Prinzip sind Gemüsesuppen alle gleich: Irgendein Gemüse wird in Salzwasser gekocht (eventuell mit 1–2 geschälten Kartoffeln zusammen oder mit Kartoffelbrei aus der Tüte, der sonst zu nichts taugt, denn Kartoffelstärke bindet die Flüssigkeit, und Kartoffeln mildern den Geschmack einiger herber Gemüse), mit Zwiebeln, Knoblauch, Ingwer oder was sonst paßt direkt im Kochwasser püriert und mit Butter und Sahne oder mit Wein – oder mit beidem – überhöht, mit Gewürzen angeschärft und mit Kräutern aromatisiert.

SELLERIESUPPE

SIE BRAUCHEN:

1 Sellerieknolle, Kartoffeln, Sahne, Muskat, Pfeffer, Salz, Butter, Zitronensaft

Halbieren Sie den Sellerie und holzen Sie die dicke, erdige Haut ab. Dann wird er in Stücke geschnitten und mit 1–2 Kartoffeln in Wasser gekocht. Wenn Sellerie und Kartoffeln weich sind, können sie im Kochwasser püriert werden.
Salz, Pfeffer, ein Stich Butter, ein paar Umdrehungen Muskat, einige Spritzer Zitrone bringen frischen Geschmack. Vielleicht ist das Aroma nicht stark genug, und ein halber **Gemüsebrühwürfel** peppt den Geschmack auf? Ob Sie nun **saure Sahne** oder **Crème fraîche, gehackte, frische Korianderblätter** oder **Petersilie** hinzufügen mögen, die Veredelungsmöglichkeiten sind mannigfaltig.

VIELE FRISCHE GEMÜSESUPPEN

Porreesuppe verträgt sich gut mit Muskat. **Karottensuppe** wird mit Zitrone oder Weißwein und Minze oder mit frischem Ingwer gewürzt. Für eine **Champignonsuppe** sollten allerdings ein, zwei Knoblauchzehen mitgekocht werden. Und Sahne und ein Schluck Weißwein passen gut dazu.
Genauso geht die **Brunnenkressesuppe** und die **Sauerampfersuppe**, bei der man die Blätter auf jeden Fall in Würfelbrühe oder Fond aus dem Glas kocht. **Blumenkohlsuppe** und **Kohlrabisuppe** können viel frisch geriebenen Ingwer vertragen. **Zucchini-** und **Kürbissuppe** werden mit Parmesan erst schön. Auf alle pürierten **Gemüsecremesuppen** passen gut in Butter geröstete Weißbrotwürfel. Mit und ohne Knoblauch, scharf oder mild.

SUPPEN AUS KONSERVIERTEM GEMÜSE

Vielleicht kommt die Stunde, in der Sie unbedingt etwas Besonderes machen wollen, aber ganz schnell muß es gehen, und nichts außer Dosengemüse ist im Haus. Sorgen Sie dafür, daß davon wenigstens stets ein kleiner Bestand vorhanden ist.

EINDRUCKSVOLLE MARONENSUPPE

SIE BRAUCHEN:

1 Dose Maronen, Brühe (Brühwürfel oder Fond aus dem Glas), Weißwein, Salz, Knoblauch, Speck, Pfeffer, Weißbrot

Die Dose mit Maronen ist eine sehr akzeptable Konserve. Die Maronen werden in Brühe mit Weißwein, Knoblauch, Salz und Pfeffer gekocht, püriert und abgeschmeckt. Diese Suppe wird auch ohne Kartoffeln dick.

Geröstete **Weißbrotwürfel,** die eventuell mit **Speckstückchen** in der Pfanne geröstet werden, machen daraus ein Süppchen, das frisch gemacht nicht besser schmeckt. Oder haben Sie Lust und Gelegenheit, bei einem Spaziergang frische Eßkastanien einzusammeln, ganz kostenlos?

TOMATENSUPPE FÜR ZWEI FAULTIERE

SIE BRAUCHEN:

500-g-Dose geschälte Tomaten, ganz oder gestückelt, oder frische Tomaten, Salz, Pfeffer, Zucker, 1 Zwiebel, Knoblauch, 1 Lorbeerblatt, Oregano, Thymian

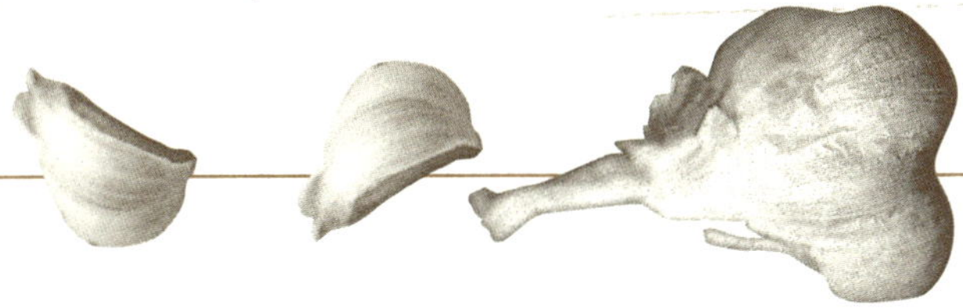

Die Zwiebel und der Knoblauch werden nicht allzuklein gehackt und in wenig Öl in einem Topf glasig und goldig gebraten. Nun kommen die Tomaten dazu, das Lorbeerblatt und die Gewürze. Alles kocht ein Viertelstündchen, dann muß das Lorbeerblatt heraus, und die Suppe wird mit dem Schneidstab bearbeitet. Wer Kerne nicht leiden kann, muß die Suppe jetzt durch ein Sieb passieren. Abschmecken. Eine Spitze Zucker? Zitrone? Setzen Sie einen Klacks Joghurt oder saure Sahne in den Teller und träufeln Sie einen Schluck Gin oder Wodka über die Suppe. Das gibt das Verwöhn-Aroma.

Und dazu essen Sie ein getoastetes Graubrot, auf dem Sie eine Knoblauchzehe verrieben haben. Wenn Sie Reis oder Nudeln übrig haben, hinein damit! Dann ergibt die dicke Suppe mit einem Stück Brot zusammen eine komplette, schöne Mahlzeit.

SAUERKRAUTSUPPE

SIE BRAUCHEN:

1 kleine Dose Sauerkraut, Zwiebel, Kümmel, Fond aus dem Glas oder Brühwürfel, 1–2 große Kartoffeln

Das abgetropfte Sauerkraut wird mit Kümmel und der kleingestückelten Kartoffel eine Viertelstunde lang in Brühe gekocht und dann mit dem Mixstab püriert, gepfeffert, gesalzen und mit einem Klacks süßer Sahne und einer Prise Zucker milde gestimmt.

VARIATION:

Werfen Sie ein paar Stücke **rote Bete** aus dem Glas dazu und pürieren sie diese mit, dann bekommt die Sauerkrautsuppe eine festliche Farbe und schmeckt ein bißchen süßer und erdiger.

Oder Sie kochen die Suppe mit Wacholder, Lorbeer, Nelke (hinterher rausfischen) und Wein und würzen mit einem Schuß Noilly Prat.

GANZ FEINE, PÜRIERTE LINSENSUPPE

Rote oder gelbe Linsen zerkochen sehr leicht und sind schnell gar. Sie eignen sich gut für Suppen. Grüne Linsen brauchen länger, bis zu 40 Minuten, je nachdem, wie alt sie sind. Man kocht die Linsen in der dreifachen Menge Brühe. Dosenlinsen sind sowieso Suppenlinsen.

SIE BRAUCHEN:
Linsen, Gemüsebrühwürfel, Zwiebel, Ingwer, eine Tomate, Madrascurry, Butterfett (Ghee aus dem indischen Supermarkt hat einen intensiveren Buttergeschmack)

Kleingeschnittener Ingwer, eine grobgehackte Zwiebel, 1 Tomate, Knoblauch werden in Butterfett gedünstet, bis sie weich sind, dann kommen die Linsen dazu, und nun kann alles gemeinsam 20 bis 40 Minuten lang weichkochen. Dann püriert man die Masse und füllt, wenn sie zu dickflüssig ist, etwas Brühe nach. Die Suppe wird noch gesalzen und gepfeffert und mit Madras-Curry abgeschmeckt. Frische Korianderblätter obendrauf wären ideal.

ANDERE SUPPEN AUS DEM VORRAT

Für eine Rote-Bete-Suppe gießen Sie den Saft aus dem Glas ab, erhitzen rote Bete in Brühe, pürieren alles, binden eventuell mit Kartoffelbrei, pfeffern und salzen. Obendrauf saure Sahne oder Joghurt und gemahlener Koriander oder viel frischer, grüner Dill.

Eine **Erbsensuppe** aus Tiefkühlerbsen wird mit einem Stück Butter und Dill viel feiner. Für eine feine **Spinatsuppe** kann man auch Tiefkühlspinat nehmen. Hierzu passen gedünstete Zwiebeln, Knoblauch, Sahne und Muskat. Haben Sie ein

Scheibchen Räucherlachs? Wenn nicht, dünn geschnittene, in Butter gedünstete Champignonscheiben schmecken auch. Oder ein paar Pinienkerne obenauf. Oder ein Klacks saure Sahne. **Kichererbsensuppe** – ob aus getrockneten Kichererbsen oder dem Inhalt einer Dose – wird mit Zitronensaft, Knoblauch und Kümmel gewürzt. Zur **Schwarzwurzelsuppe** passen Möhrensaft, Schlagsahne, Weißwein oder Zitrone.

WAS JEDE SUPPE AUFWERTET:
Croutons aus gerösteten Brotwürfeln. Oder schneiden Sie Scheiben vom Stangenweißbrot, rösten sie in Butter in der Pfanne und bestreichen sie mit Roquefort oder einem ähnlichen Käse.

KALT, ABER WÄRMSTENS EMPFOHLEN: AJO BLANCO

Diese Suppe ist genau das richtige für einen erholsamen Abend im Sommer auf dem Balkon. Für einen Abend ohne Flirt, ohne Experimente, aber mit hocherhobener Knoblauchfahne. Wenn keiner mehr klingelt, um so besser.

SIE BRAUCHEN FÜR EINE PERSON:
Viele, viele Zehen Knoblauch (mindestens fünf), 1 Handvoll geschälte Mandeln, Olivenöl, Salz, frisch gemahlenen Pfeffer

Knoblauch und Mandeln werden mit 1 Täßchen Olivenöl im Mixer zerhäckselt oder im Mörser gestampft oder sonstwie zermalmt, bis eine dicke Paste entstanden ist, und mit Wasser, Salz und Pfeffer aufgefüllt. Die Suppe soll eiskalt sein, deswegen muß sie einige Zeit in den Kühlschrank oder gleich im Mixer mit ein paar Eiswürfeln zubereitet werden. Obendrauf kommen Weißbrotstückchen, die in der Pfanne mit wenig Olivenöl geröstet werden.

RISOTTO FÜR EIN ODER ZWEI COUCHPOTATOES

Der Risotto ist auch etwas für Überraschungsgäste oder für eine kleine Tischrunde. Je kleiner die Menge ist, die man zu kochen hat, desto besser läßt sich der Genuß steuern. Ist der Risotto fertig, muß er gegessen werden. Wenn Ihre Gäste dann erst zögernd ihre Plätze einnehmen, wird der Risotto pampig und der Koch auch. Hören Sie auf den Risotto. Er sagt Ihnen, wann er gegessen werden will.

Der Risotto ist ein klassisches warmes Gericht, das keine großen Ansprüche stellt. Ein warmer Brei ohne viel Gewürz und Gedöns. Er ist in 20 Minuten fertig. Besondere Einkäufe sind nicht nötig, wenn Sie über die Grundvorräte des tüchtigen Schlampenkochs verfügen. Ein Risotto ist sogar fernsehtauglich, denn man kann ihn verspeisen, ohne auf den Teller zu gucken. Das lohnt sich auch kaum, denn die meisten Risotti schmecken ohnehin besser, als sie aussehen, es sei denn, sie werden mit Meeresfrüchten oder farbigem Gemüse zubereitet.

RISOTTO BIANCO

SIE BRAUCHEN:

50 g Butter, ungefähr 1 Liter Brühe (aus Kalbsknochen mit viel Suppengemüse, Lorbeer, Pfefferkörnern und Zwiebeln gekocht, durchgesiebt und reduziert, oder Sie nehmen Brühwürfel oder Fond im Glas), 1/2 Glas Weißwein und 1/2 Zwiebel, frisch geriebenen Parmesan, 350 g Reis (Arborio oder Vialone oder Carnaroli)

Die Brühe siedet auf kleiner Flamme, während die Zwiebel gehackt und in der Hälfte der Butter in einem anderen Kochtopf glasig gedünstet wird. Nun kommt der trockene, ungewaschene Reis dazu, der mit einem Holzlöffel gut bewegt wird, damit er von allen Seiten Fett annimmt und etwas anbrät. Dann gießen Sie eine Kelle voll siedend heißer Brühe an den Reis und rühren weiter, bis die Flüssigkeit aufgesogen ist, dann gießen Sie die nächste Kelle Flüssigkeit dazu. Das wiederholen Sie, bis der

Reis weich und cremig, aber noch jedes Korn zu erkennen ist. Solange die Reiskörner innen noch hart sind, muß weitergerührt und weitere Flüssigkeit hinzugegeben werden. Ist die Brühe aufgebraucht, kann man auch heißes Wasser nehmen und Wein natürlich. Wenn der Reis gar ist, nimmt man ihn vom Herd, mischt frische Butter, geriebenen Parmesan, Salz und Pfeffer unter. Ein weicher, aber nicht musiger Risotto ist also leichter herzustellen, als manche Kochmützen uns weismachen wollen. Der Moment der Vollendung aber tritt jedesmal in einer anderen Minute ein. Manchmal ist man zum ewigen Rühren zu faul, oder man kippt gleich eine größere Menge Flüssigkeit in den Topf, weil das Telefon klingelt. Dann kann der Reis leise köchelnd sehen, wie er damit fertig wird – und siehe da, er nimmt es nicht immer übel.

Und wenn vom Risotto etwas übrigbleibt, wird es am nächsten Tag mit heißer Flüssigkeit wieder aufgewärmt und mit frischer Butter und Parmesan durchgerührt.

SCHLAMPEN-VERSION:

Falls Sie keinen **Arborio-Reis** im Haus und keinen italienischen Feinkostladen in der Nähe haben, nehmen Sie einfach den **deutschen Milchreis.** Statt frisch geriebenem Parmigiano tut es notfalls auch ein in Tüten abgepackter, streufreudiger, geriebener **Parmesan,** aber der schmilzt kaum und schmeckt manchmal sehr eigenartig. Besser wäre es, irgendeinen **Appenzeller** oder **Emmentaler** frisch zu reiben.

Milchreis bewahrt nicht ganz akkurat die cremige, wallende und doch bißfeste, gleitende Geschmeidigkeit, an der perfektomanische Sonntagsköche sich mit solcher Leidenschaft delektieren. Trotzdem bleibt ein weicher Reisberg ein weicher Reisberg und gewinnt erst durch die Zugaben an Geschmack und Attraktivität. Wenn in Mailand ein Restaurant an der Güte seines Risottos gemessen wird, heißt das noch lange nicht, daß dieser Risotto dort höchst kompliziert zubereitet wird oder umwerfend köstlich schmeckt. Es heißt nur, daß der Koch auch ein schlichtes Arme-Leute-

Gericht respektvoll und liebevoll zubereitet. Das ehrt ihn und sein Verständnis und seine Kochmoral. Aber wir wollen nicht so tun, als sei ein Risotto eine Delikatesse für den ganz verwöhnten Gourmet. Reis an sich ist nahrhaft und hat so wenig eigenen Geschmack, daß fast keine Behandlung ihn ernsthaft beleidigen kann. Fast jeder kreative Einfall wertet ihn auf und verwandelt ihn in ein präsentables Gericht.

STEINPILZRISOTTO

SIE BRAUCHEN:

getrocknete Steinpilze, Zwiebel, Knoblauch, Brühe, Weißwein, Olivenöl, geriebenen Parmesan, Sahne

Dies alles sollte in einem Schlampen- und Chaoten-Haushalt stets zu finden sein. Getrocknete Steinpilze sind eine besonders geeignete Risotto-Zutat, weil sie sehr intensiv im Geschmack sind und auch noch dieses charaktervolle Einweichwasser hervorbringen. Dennoch wird man nach frischen Steinpilzen oder Pfifferlingen greifen, wen man ihrer habhaft werden kann. Die getrockneten Pilze werden 20 Minuten lang in heißem Wasser eingeweicht und ab und zu umgerührt, damit sich der Sand, der vielleicht noch an ihnen haftet, lösen kann. Der Risotto wird wie im Grundrezept zubereitet, nur daß die Pilze in den Topf kommen, sobald die Zwiebeln glasig sind. Eine zerhackte Knoblauchzehe kann auch nicht schaden. Das Einweichwasser wird wie die Brühe dem Reis zugefügt, aber ohne den letzten Rest, in dem sich der Sand gesammelt hat. (Oder Sie filtern das Wasser durch einen Kaffeefilter.) Wenn der Risotto fertig ist, wird nur noch Parmigiano untergemischt.

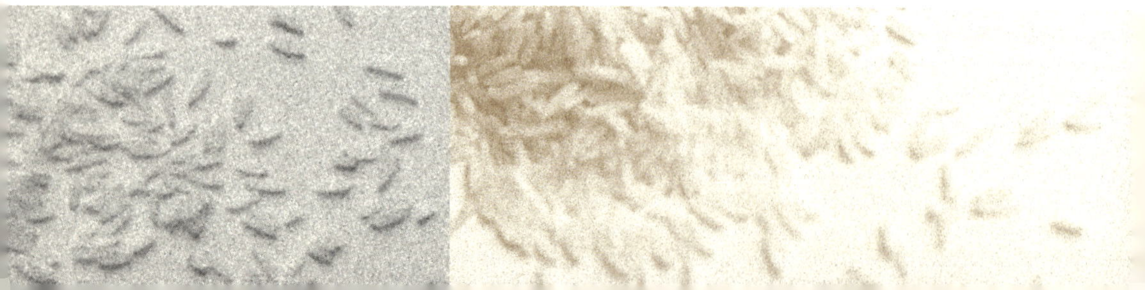

RISOTTO DI MARE

SIE BRAUCHEN:

Fischbrühe aus dem Glas oder Brühwürfel, Zwiebeln, geriebenen Parmigiano, Weißwein, Meeresfrüchte, Olivenöl, Knoblauch, Petersilie

Calamares, kleine Garnelen, Oktopus und Muscheln gibt es in der Tiefkühltruhe des Supermarktes als Frutti-di-mare-Mischung, die sich gut dafür eignet. Falls Sie zu Hause kein Gefrierfach für solche Köstlichkeiten haben, sollten Sie ein paar weniger gängige Konserven anschaffen: zum Beispiel ein Glas kleine Herzmuscheln (nur in Wasser, al naturale, eingelegt). Oder jene spanischen Konserven, die als Tapas zum Sherry gereicht werden. Da gibt es diverse Muschelsorten, Calamares und Oktopus in Öl, in schwarzer Tinte oder in Wasser. Die passen ebenfalls dazu. Dieses Getier ist schon gekocht und braucht deshalb nur ganz am Schluß mitgewärmt zu werden. Den Sud oder das Öl gießen Sie schon vorher zum Reis.
An einen Risotto mit Meeresfrüchten gehört auch Parmigiano, aber nicht an Nudeln mit Meeresfrüchten. Manche italienische Mamma wird ganz arrabbiata, wenn Sie Käse dazu verlangen.

VARIATION:

Wenn Sie sich die Zeit nehmen wollen, greifen Sie nicht zum teuren Fond aus dem Glas, sondern kochen Sie aus Fischgräten und -köpfen, Lorbeer, Fenchelsamen, Suppengrün, Pfeffer, Salz, Wacholder und Piment, Wasser und Wein einen Sud, filtern ihn durch ein Sieb und kochen ihn bis auf die Hälfte der Flüssigkeit ein.

RISOTTO NERO

Dieses Gericht probiert man am besten einmal aus, wenn man allein oder zu zweit ist. Dann kennt man den Ablauf beim nächsten kleinen Gastmahl und kann etwas ganz Ungewöhnliches servieren.

Risotto nero sieht grauschwarz aus, weil er mit der **Tinte von Tintenfischen** gefärbt wird. (Kann der Fischhändler besorgen. In Tütchen oder in kleinen Gläsern abgepackt und im Kühlschrank lange haltbar.) Die schwarze Tinte kommt in den Topf, wenn das Meeresgetier zum Reis kommt. Mit **Rotwein** und **Fischbrühe** wird der Reis gelöscht. Außerdem werden zum Schluß eine oder zwei kleingewürfelte **Tomaten** eingestreut, die der ungewohnt schwarzen Speise farbliche Highlights verleihen.

VARIATIONEN:

Das wohl älteste italienische Reisgericht ist **Risi Bisi** aus Venedig. Das ist ein Risotto bianco, der mit Erbsen (tiefgekühlt oder vorgekocht) und mit gewürfeltem **gekochtem Schinken** angereichert wird. Ohne Knoblauch.

Wenn Sie grünen Spargel köpfen, Zucchini und Karotten kleinschneiden, veredeln Sie den Reis zum **Risotto primavera.**

Sie können auch Artischockenherzen und Limonensaft mit dem Risotto bianco vereinen, Käse und Petersilie einstreuen, dann haben Sie einen **Risotto alla siciliana.**

Befinden sich nur trockene Kräuter im Haus, nehmen Sie eine italienische (Oregano, Basilikum, Salbei) oder eine französische Mischung (Rosmarin, Thymian, Salbei) mit Knoblauch und nennen ihn **Mediterraner Kräuterrisotto.**

Tomaten passen mit Pilzen zusammen in den Risotto; Auberginen mit Petersilie und Zucchini; Bohnen und Thunfisch; geräucherte Würstchenscheiben oder Speck mit Tiefkühlerbsen oder einem kleingewürfelten Bund Suppengrün; Knoblauch und Käse passen immer. Nennen Sie Ihre Variation **Risotto alla casa.**

GERSTENGRAUPEN – WER SAGT DA BÄÄÄÄÄH?

Graupensuppe ist für viele Menschen mit bösen Erinnerungen an magere frühe Jahre verbunden, wo hungrige Bäuche mit dicken Suppen gefüllt wurden. Doch die Gerstengraupe verdient es, emanzipiert zu werden, denn ihr ist in Notzeiten Unrecht widerfahren. Ein Risotto aus Gerstengraupen gehört zu den feinsten Dingen, die sich ein hungriger Mensch einverleiben kann.

RISOTTO ORZOTTO

SIE BRAUCHEN:

1 Paket Perlgraupen, Milch und Sahne, Salz und Pfeffer, 1 Salatgurke

Die Graupen werden, statt mit Brühe oder Wasser, in einer Mischung aus Schlagsahne und Milch gekocht. Sie können die entsprechende Menge für Ihre Portion auf einmal in den Topf gießen und dann ab und zu umrühren. Graupen brauchen, wie Reis, etwa 20 Minuten und quellen auf, so daß Sie ein bißchen auf den Schwund an Flüssigkeit achten müssen. Während die Graupen kochen, schälen Sie die Salatgurke, je eine für zwei Personen, schneiden sie der Länge nach durch, holen mit einem Teelöffel die Kerne heraus und schneiden sie erst in feine Streifen und dann in feinste Würfelchen. Wenn die Graupen gar und in ihrer cremigen Umgebung weich geworden sind, werden die Gurkenstückchen in den Topf geworfen, alles wird einmal umgerührt und aufgekocht. Wenn Sie frischen **Dill** haben, streuen Sie ihn darüber. Nun kann der Graupen-Risotto auf den Tisch, denn die Gurke braucht nicht gar zu werden. Der weiche, zarte, sahnige Geschmack der Graupen verscheucht, zusammen mit dem Biß auf die knackigen Gurkenstückchen, sogleich sämtliche schlechten Erinnerungen. Testen Sie diesen Graupen-Risotto an einem einsamen Abend und servieren Sie ihn bei nächster Gelegenheit mit Lammkoteletts oder anderem kurzgebratenem Fleisch.

SALATE FÜR EINE EINSAME, HUNGRIGE PERSON

WEISSE BOHNEN AUF KNOBLAUCHSCHAUM

SIE BRAUCHEN:

1 Dose weiße Bohnen, Zitronensaft, Pfeffer, Salz, Muskat, Knoblauch, Brühe, durchwachsenen Speck, Olivenöl, 2 Eier

Bestimmt eignen sich auch rote Bohnenkerne, aber die weißen sind besonders mehlig und sanft im Geschmack. Lassen Sie die Bohnen abtropfen und geben Sie Zitronensaft und Olivenöl, Pfeffer und Salz darüber, damit sie ein bißchen marinieren. Nun braten Sie ein paar dünne Streifen durchwachsenen Speck (Frühstücksspeck) aus und lassen sie auf einem Stück Küchenkrepp oder einer Serviette abtropfen. Zwei Eigelb, wenn Sie allein essen – wenn der Postmann klingelt, auch drei oder mehr –, werden in einem Topf mit zwei zerdrückten Knoblauchzehen, Salz, Pfeffer und Muskat gewürzt und dann schaumig geschlagen. In einem Becher eine Brühe herstellen oder Fleisch-Fond aus dem Glas nehmen. Nun die Brühe zur Eiermischung geben und alles bei kleiner Hitze sehr schnell und ausgiebig mit dem Schneebesen schlagen, bis eine leichte, dickliche, schaumige Sauce entsteht. Zur Sicherheit, und wenn Sie noch nicht viel Übung haben, können Sie die Sauce auch im heißen Wasserbad zubereiten. Die Sauce wird lauwarm über die marinierten Bohnen gegossen, der knusprige Speck kommt obendrauf. Mit den grünen dicken Bohnen im Glas schmeckt es genauso gut.

SELLERIESALAT

Dem dicken Sellerie sagt man nach, daß er bei der Verbrennung im Körper mehr Kalorien verbraucht, als er liefert. Außerdem ist er ein anspruchsloser, sehr preiswerter Geselle, der sich lange im Kühlschrank hält und vieles mit sich machen läßt.

Zum Beispiel Selleriesalat. Nach dem Schälen wird er in dicke Scheiben geschnitten und in Salzwasser weichgekocht. Noch warm mischen Sie ihn mit **Essig** und **Öl**, mildem **Senf** und sehr fein geschnittenen **Zwiebelchen** oder viel **Schnittlauch** oder **Frühlingszwiebeln**.

VARIATIONEN:
Oder Sie raspeln ihn roh, zusammen mit **Karotten** und **roter Bete**, mischen ihn mit **Walnußöl** und **Zitrone** und **Walnußstückchen**. Oder Sie essen ihn als Crudité (siehe Seite 87) wie die Franzosen mit **Porree** und **roter Bete**. Wenn Ihnen die dicke Knolle im Gemüsefach zu sperrig ist, kaufen Sie Sellerie im Glas.

LAUWARMER, FROMMER LINSENSALAT

Linsengerichte in ihrer biblischen Erhabenheit schenken, neben Brot und Wein, einem einsamen Menschen, der in den Abendstunden zur Verwahrlosung neigt, ein Gefühl von Luxus und Geborgenheit.

SIE BRAUCHEN:
kleine oder große grüne Linsen, Zwiebel, Tomaten, Frühlingszwiebeln, Weißwein, Portwein, Pfeffer, Salz, Knoblauch, Essig, Olivenöl, Lorbeerblatt

Linsen mit kaltem Wasser und Weißwein je zur Hälfte gut bedecken, mit einer gewürfelten Zwiebel und einem Lorbeerblatt ungesalzen aufsetzen und kochen, bis sie weich sind. Das kann zwischen fünfzehn und vierzig Minuten dauern. Dann werden sie abgegossen, gesalzen und gepfeffert.
Nun schneiden Sie ein paar Frühlingszwiebeln in Ringe und mischen sie roh unter die Linsen, ebenso ein bis zwei Tomaten, enthäutet und gewürfelt, oder notfalls zwei

Eßlöffel Tomatenstücke aus einer Dose. Olivenöl dazugeben, mit Balsamico-Essig und Zitronensaft säuern, mit Sherry oder Portwein leicht süßen. Knoblauch-Freunde haben ein paar Zehen mitgekocht und geben zum Schluß noch eine frisch gepreßte über den Salat. Gönnen Sie sich dazu – biblisch – Brot und Wein. Die kleinen französischen Linsen sind am besten, denn sie behalten auch in garem Zustand ihren Biß. Nur notfalls öffnen Sie eine Dose Linsen. Der Inhalt wird allerdings überhaupt nicht mehr gekocht, sondern nur noch in einem Sieb mit Wasser gespült und dann mit den anderen Zutaten kurz erhitzt.

VARIATIONEN:
Sehr gut schmeckt warmer Linsensalat auch, wenn Sie **Thymian** und **Lorbeer** mitkochen. Dann bereiten Sie eine **Vinaigrette** aus Salz, Pfeffer, Essig, Senf, kleingeschnittenem **Schnittlauch** und **Dill** zu, würfeln eine **rote Paprikaschote** und ein Stück **Schafskäse** und verteilen sie in dem Salat.

Oder Sie kochen ein Bund **Suppengemüse,** kleingewürfelt, in einem separaten Topf ganz kurz, so daß es noch Biß hat, und mischen es unter die weichen Linsen. Dann würzen Sie mit einer Vinaigrette.

TRICK:
Linsen werden einmal kurz in Wasser aufgekocht. Dann gießt man das Wasser fort und setzt die Linsen mit neuer Flüssigkeit auf. So behalten sie ihre rote, gelbe oder grüne Farbe.

WEISSE BOHNEN, PÜRIERT, MIT LECKERLI

SIE BRAUCHEN:

getrocknete Canellini-Bohnenkerne oder eine Dose weiße Bohnen, Knoblauch, Salbeiblätter, Olivenöl

ENTWEDER:

Shrimps, Fisch, Krebsfleisch aus der Dose

ODER:

Frühstücksspeck, Lammkoteletts

Die getrockneten Bohnen werden über Nacht oder während der Bürozeit ein paar Stunden eingeweicht und dann mit frischem Wasser, einer zerschnittenen Zwiebel und ein paar grobgehackten Knoblauchzehen weich gekocht.

Probieren Sie aber auch, wenn's schnell gehen soll, die schon weichgekochten Bohnen im Glas oder in der Dose. Setzen Sie diese wie die anderen mit frischem Wasser auf, bis der Knoblauch und die Zwiebel gar sind. Gießen Sie das Kochwasser bis auf einen Rest ab und streichen Sie die Masse durch ein Sieb oder pürieren Sie mit dem Mixstab.

Dann heben Sie noch etwas Olivenöl darunter. Wenn Sie ein paar Streifen Frühlingsspeck mit **Rosmarin** knusprig braten und sie auf den Püreeberg legen, haben Sie eine sehr delikate kleine Mahlzeit, genau richtig für den Spätfilm.

BOHNENSALAT, GANZ SCHNELL, GANZ SCHÖN

SIE BRAUCHEN:

weiße Bohnen aus der Büchse,
1 Dose Thunfisch im eigenen Saft, Tomaten,
Petersilie, Salbei, Frühlingszwiebeln
oder Schnittlauch, Olivenöl

Die Bohnen abgießen und mit feingehacktem Salbei, feingehackter Zwiebel und durchgepreßtem Knoblauch mischen. Gut salzen und pfeffern und mit Zitrone würzen. Den Thunfisch abgießen, zerpflücken und unter die Bohnen heben. Wenn Sie die Bohnen mit Gewürzen, Knoblauch und etwas Öl selbst weich kochen, können Sie sie auch warm mit dem Thunfisch mischen und verzehren. Kleingeschnittene Tomatenwürfel und Petersilie frischen den Salat auf. Mit warmem Baguette, Fladenbrot oder italienischem Weizenbrot ist das ein feines Mahl.

TABOULÉ, PETERSILIENSALAT FÜR DAS SCHLANKE GEWISSEN

SIE BRAUCHEN:

Pro Person 1 Bund Petersilie,
viel frische Pfefferminze, Zitronen,
ein paar Tomaten, Couscous

Auch dieser Salat ist frisch. Die Zutaten halten sich aber ein paar Tage im Kühlschrank. Die Petersilie und die Minze werden ganz fein gehackt. In der Zeit eine Handvoll Couscous oder ein bißchen mehr, befeuchtet im Sieb über kochendes Wasser hängen, damit es quillt. Ein paar Tomaten kurz in das heiße Wasser werfen und schnell wieder herausholen. Nun kann man sie ganz leicht häuten und dann vierteilen. Wenn Sie penibel sind, entkernen Sie die Viertel und schneiden das feste Fruchtfleisch in zwei, drei Stücke. Den Couscous auf einem Tuch ausbreiten und lockern, damit er schnell abkühlt. Dann mit der Petersilien-Minze mischen, etwas salzen und viel Zitronensaft darüberspritzen. Die roten Tomatenstückchen über die knallgrüne Pracht regnen lassen. Minze in Verbindung mit Zitrone wirkt ungemein erfrischend.

BUNTER COUSCOUS-SALAT

Dies ist ein Salat, der durch und durch frisch ist und bei dem auf Vorräte kaum zurückgegriffen werden kann. Aber wenn ein türkisches Geschäft in der Nähe ist, können Sie auch spätabends noch die Taschen vollpacken.

SIE BRAUCHEN:
1 Tasse Couscous-Grieß, 2 Karotten, 1 rote und 1 gelbe Paprika, 2 Fleischtomaten, 1/2–1 Salatgurke, 1 Bund Minze, Saft von 1 Zitrone, etwas Tomatensaft, Olivenöl, Salz und Pfeffer

Der Grieß wird in ein Sieb gestreut, kurz befeuchtet und in einen Topf gehängt, wo er über kochendem Wasser aufquellen kann. Das dauert nur ein paar Minuten. Danach auskühlen lassen. Das ganze Gemüse wird in Würfelchen geschnitten. Die Tomaten brauchen nicht gehäutet zu werden. Die Mengen können variieren, Hauptsache, Zitrone und Minze sind reichlich vorhanden und Couscous, der den Geschmack knackig unterstützt. Dann alles miteinander vermischen, Öl und Zitrone dazu, eventuell Tomatensaft, salzen, pfeffern, die Pfefferminze waschen und vom Stengel zupfen, grob hacken und unter den Salat mischen. Dieser Salat macht süchtig, besonders im Sommer.
Aus französisch inspirierten Kreisen dringt die Kunde, daß Couscous-Grieß auch in der Salatschüssel – ohne heißes Wasser – in viel Zitronensaft, Olivenöl und in der Feuchtigkeit der Gemüse ganz von allein quillt.

KICHERSALAT

Dieser Salat reicht für eine Dreiecksbeziehung, denn immerhin muß der Inhalt von drei Dosen verputzt werden. Der Salat schmeckt edel durch das Walnußöl und sättigt mit Wein auch ohne Fleisch.

SIE BRAUCHEN:

1 Dose Kichererbsen, 1 Dose rote Bohnen,
1 Dose weiße Bohnen, Walnußöl, 4 Eigelb,
verschiedene Essige, Zitrone

Die Bohnen gut mit Wasser spülen und abtropfen lassen. Dann alles miteinander mischen und eine Vinaigrette aus verschiedenen Essigen, zum Beispiel Balsamico, Rotweinessig und Zitrone, Eigelb und Walnußöl rühren und über die Hülsenfrüchte gießen. Das ist alles. Den fertigen Salat kann man zwar einen Tag im Kühlschrank lagern, aber wegen der darin befindlichen Eier nicht länger.

KLEINE BLENDWERKE FÜR BESONDERE GELEGENHEITEN

Stellen Sie sich vor, am späten Abend kommt ein durchreisender Jugendfreund überraschend vorbei. Die schlampigste Art, mit diesem Problem fertig zu werden, ist zugleich die teuerste: Öffnen Sie eine Konserve. Wenn «Kaviar» draufsteht, ist der Erfolg des Abends gesichert. Austern können Sie sogar in ihrer Verpackung auf den Tisch stellen, und kalter Hummer muß nur gerecht geteilt werden. Sie brauchen nur noch Toast und Zitrone bereitzustellen. Aber all das haben Sie ja wieder nicht im Haus. Deshalb sollten Sie aktiv werden, aber nicht zu sehr. Ein guter Gastgeber muß galant und großzügig sein, einfallsreich, aber nicht angestrengt. Mit lässiger Hand, wenigen Zutaten und fixer Entschlossenheit sollte er in der Küche flink die Kurve kriegen und sich wieder seinem Gast widmen können.

FISCHIGE SNACKS

Auch die viel billigere Lachskaviar- oder Forellenkaviar-Konserve ist gut und gehört in die Vorratskammer. Mit Butter vermischt, ist sogar Seehasenrogen, die sehr billige Kaviarvariante, köstlich. Der Snack ist schnell gerichtet, schmeckt zum Sekt und paßt zu Erste-Klasse-Überrumpelungen.

ROTES KAVIARBUTTER-BROT

SIE BRAUCHEN:

1 Dose Ketakaviar oder Forellenkaviar
oder schwarzen Seehasenrogen
und, ganz wichtig: weiche Butter

Man kann Kaviar ganz leicht unter Butter heben, wenn sie weich ist. Danach darf sie wieder in den Kühlschrank. Mit der Kaviarbutter werden kleine Brotscheiben bestrichen. Es ist besonders hübsch, wenn Sie schwarze und rote Eier mischen. Und wenn Sie frische Petersilie im Haus haben, hacken Sie diese fein und mischen sie ebenfalls unter die Butter.

KARTOFFELN MIT KAVIAR

Servieren Sie zum roten Lachskaviar oder zum gelben Forellenkaviar einen Kartoffelpuffer oder ein Rösti aus der Tiefkühltruhe oder einfach Pellkartoffeln, einen Eßlöffel voll saurer Sahne oder Crème fraîche; oder Vollmilchjoghurt, verrührt mit etwas Salz. Manche Zeitgenossen schätzen dazu auch gekochte, gehackte Hühnereier und kleine Zwiebelstückchen.

PIKANTER FISCHKNUSPERTOAST

Es muß aber nicht immer Kaviar sein. Sie können auch Sardellenpaste aus der Tube oder zerdrückte Sardellen aus dem Glas, mit Butter und gepreßtem Knoblauch vermischt, auf kleine Toastscheiben streichen.

ODER:
Lassen Sie Thunfisch aus der Dose abtropfen, vermischen Sie ihn mit etwas saurer Sahne oder Crème fraîche und gepreßtem Knoblauch, Salz und Pfeffer und fügen eventuell ein paar gehackte Kapern oder ein paar Spritzer Zitrone hinzu.

GUACAMOLE MIT UND OHNE SHRIMPS

SIE BRAUCHEN:
1 Avocado für 2 Personen, Salz, Pfeffer, Zitrone, Knoblauch

Eine reife Avocado wird halbiert und vom Kern befreit. Sitzt er fest, pikt man die Messerspitze hinein und löst ihn ganz leicht mit einer Hebelbewegung heraus. Das Avocadofleisch wird mit einem Löffel aus der Schale gelöst und mit einer Gabel liebevoll zerquetscht und zermust. Salzen und frisch pfeffern, 1 Knoblauchzehe durchpressen und untermischen und etwas Zitronensaft hinzufügen.

Dazu werden Maischips oder Käsecracker gegessen oder getoastetes Weißbrot gereicht, und ins Glas fließt ein Tequila oder Sekt oder Wein.

VARIATION:
Wenn Sie den Imbiß in eine Augenweide verwandeln wollen, braten Sie ein paar **Shrimps** oder **kleine Tiefseekrabben** oder **tiefgekühlte Garnelen** und streuen sie um den grünen Hügel herum oder lehnen sie schwanzoben daran. Auch **roter Kaviar** paßt hübsch zum Avocado-Mus.

COCKTAIL VON KRUSTENTIEREN

Haben Sie tiefgefrorene Shrimps, Nordseekrabben, Hummer, Langusten, Krebsscheren oder jenes rätselhafte Produkt, das Surimi heißt und wie Krebsfleisch aussieht (aber keines ist)? Wenn es für zwei nicht reicht, dann machen Sie einen Cocktail daraus.

SIE BRAUCHEN:
200 g Krebsfleisch oder so ähnlich,
einen Topf haltbare Schlagsahne, Ketchup,
Tabasco, Cognac, Worcestershiresauce

Die Sahne wird zunächst sehr steif geschlagen, dann gewürzt, und zwar kräftig mit Tabasco, tüchtig mit Cognac, üppig mit Worcestershiresauce und nicht zu knapp mit Ketchup, bis sie sehr rosa und hot ist. Dann das Krustentierfleisch daruntermischen und, wenn vorhanden, auf einem Salatblatt anrichten. Nun fehlen nur noch Toast und Butter und ein prickelndes Getränk.

HÄPPCHEN MIT UND OHNE HAUCH

BRUSCHETTA

Wenn Ihr Besucher von herzhafter, sinnlicher Natur ist und zu später Stunde der Rotwein fließt, könnte eine kleine partnerschaftliche Knoblauchorgie angemessen sein. Geröstetes Bauernbrot wird mit einer geschälten, halbierten Knoblauchzehe eingerieben und leicht gesalzen. Darauf kommen ein paar Tropfen feines Olivenöl. Schon haben Sie das italienische, bäuerliche Original. Wenn Sie nun noch ganz dünne Tomatenscheiben darauflegen, ein bißchen pfeffern und salzen, erhalten Sie eine elegante Variante. Mit frisch gehacktem Basilikum bestreuen.

KÄSEKNOFELBROT

Man hobelt viel Knoblauch mit dem Trüffelhobel oder einem gekonnt geführten, scharfen Messer durchsichtig fein, schichtet ihn auf ein geröstetes Brot oder Knäcke und legt eine Ladung dünngeschnittenen Käse – Gouda, Emmentaler, Appenzeller oder was immer Sie im Hause haben – darauf.

CAMEMBERT MIT MUSIK

SIE BRAUCHEN:

Camembert, Butter, Knoblauch, Salz, Muskat, Wein, frisch gemahlenen Pfeffer

Ehren Sie auch einen Rest vom Camembert, indem Sie ihn mit einer Gabel zerquetschen und ungefähr ein Viertel seiner Menge an Butter hinzufügen. An Knoblauch rechnet man 2–3 Zehen auf einen ganzen Camembert und 1 Schnapsglas voll

Weißwein. Salz, Pfeffer und Muskat, soviel Sie wollen. Toast, Knäcke, Pumpernickel oder gewöhnliches Brot passen dazu.

GRATINIERTER ZIEGENKÄSE

Das ist ein sehr leicht und schnell zu bereitendes Gericht, das gut aussieht und duftet – genau das richtige für alle, die Appetit auf eine edle Kleinigkeit haben.

SIE BRAUCHEN:

1 Ziegenkäsetaler pro Nase, 1/2 Becher Schlagsahne, Salz, 2 Eier, Pfeffer, 1 Glas Pesto Genovese

Für die Gratiniersauce schlagen Sie in einem hohen Gefäß Eier, Sahne, Salz und Pfeffer mit dem Stabmixer oder einem Schneebesen schaumig. In einen kleinen tiefen Teller, am besten in ein Auflaufförmchen, einen Eßlöffel Pesto auf den Boden setzen. Darauf kommt in die Mitte ein Ziegenkäse, darüber wird ein Teil der Gratiniersauce gegossen. Nun kommt das Tellerchen in den Backofen, wo das Gericht ungefähr eine Viertelstunde Zeit hat, sich unter dem Grill einen starken Sonnenbrand zu holen. Dazu passen ein kalter Weißer und Baguette oder Fladenbrot.

VARIATION:

Keiner soll sagen, daß hier nicht auch mit einem Stück **Schafskäse** Wohlgeschmack zu erzielen sei. Und wer die Gratiniersauce abwandeln will, probiere es einmal mit Tomatenmark. Statt Basilikum-Pesto schmeckt auch eine Mischung aus Tomatenmark oder in Öl eingelegten italienischen **Tomaten** und **Knoblauch**.

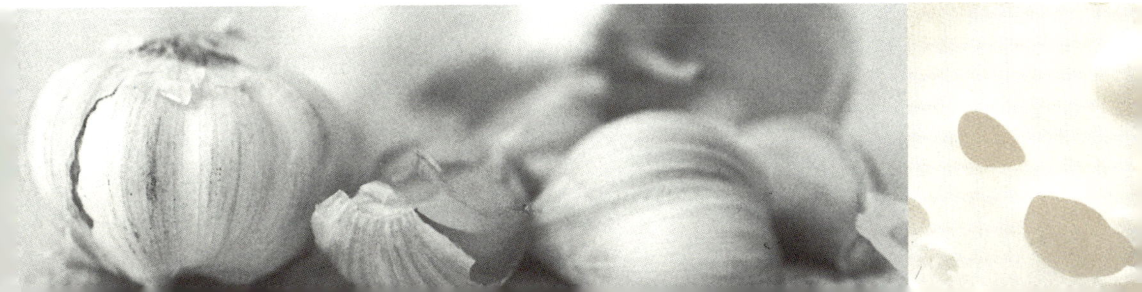

GEGRILLTER PECORINO

SIE BRAUCHEN:

1,5 cm dickes Tortenstück Pecorino für jeden Esser, Brot (italienisches Brot, Fladenbrot oder Baguette passen am besten), Olivenöl und frisch gehackte Petersilie

Wer jeglichen Kochantrieb verloren hat, kann ein schmales Tortenstück (am dicken Ende daumendick) vom Pecorino nehmen, die Rinde abschneiden, den Käse mit Olivenöl beträufeln und in den Backofen schieben. Wenn die Oberfläche eine hellbraune Farbe angenommen hat und das Innere glasig wird, ist der Käse fertig und braucht nur noch mit etwas gehackter Petersilie verschönt zu werden. Auch hierzu passen Brot und Wein, und ein anderer Hartkäse tut es auch.

ARTISCHOCKEN MIT SCHWARZEM PFEFFER UND JOGHURT

Eine Artischocke kocht mindestens 30 Minuten, aber man kann sie vorkochen und kühl lagern, denn sie schmeckt auch kalt. Oder aber man bewahrt sie kalt auf und wirft sie fünf Minuten vor ihrem Auftritt noch einmal für ein paar Minuten in kochendes Salzwasser. Mit einem schweren Messer wird das obere Drittel der noch ungekochten Knospe abgeschnitten, so daß man die lilafarbenen inneren Blattspitzen sehen kann. Wer will, schneidet mit der Schere alle äußeren, harten Spitzen der Blätter rundherum einzeln ab. So gestutzt, wird die Artischocke etwa 30 Minuten lang gekocht. Sie ist gar, wenn sich ein äußeres Blatt leicht abziehen läßt. Wer vor dem Servieren die winzigen Fäden und Blättchen aus dem inneren Teil bis auf den Boden entfernen will, muß sie vor oder nach dem Kochen mit einem Kugelausstecher oder einem Löffel herauslösen. Dann können Sie den Dip gleich in die Distelknospe füllen. Und so wird die Artischocke dann genossen: Die Blätter von außen einzeln

lösen, in den Dip tauchen und das fleischige Ende aussaugen, bis nur noch der Boden und ein Rest vom Sößchen übrig ist. Der Boden schmeckt besonders gut.
Man kann die Knospen auch unbeschnitten lassen, den Topf mit der Sauce und einen Topf für die ausgesaugten Blätter in die Mitte stellen. Als Dip eignet sich einfacher **Vollmilchjoghurt,** durchgerührt und kräftig mit schwarzem, frisch gemahlenem **Pfeffer** bestreut. Aber auch eine Vinaigrette oder die aromatische Aioli (siehe Seite 119) passen großartig.

DIPS UND PASTEN FÜR ALLE FÄLLE

Einmal angeschafft, sind ein paar Gläschen mit exotischen Würzmischungen und Pasten auf lange Zeit edle Retter in Not oder Eile. **Pesto Genovese, eingelegte Tomaten,** schwarze **Olivenpaste, Sardellenpaste** sind immer gut zu gebrauchen, wenn Brot im Haus ist, das man toasten kann. Ein Glas **Mintjelly** oder ein Glas **Tandoori-Paste** reichen aus, um kühle und würzige Dips mit einem Becher Joghurt herzustellen. Dazu ißt man Cracker oder Knäckebrot, kaltes Fleisch oder einen warmen Hühnerschenkel vom Bahnhofsimbiß; oder man taucht rohes Gemüse wie Blumenkohlröschen, Karotten, Staudensellerie, Rettich, Chicoree hinein.

FRITIERTE RAVIOLI

Da, wo im Supermarkt Milch und Käse stehen, gibt es seit einiger Zeit auch Maultaschen, Ravioli, Gnocchi und Tagliatelle samt den dazugehörenden Saucen.
Statt die Ravioli zu kochen, können Sie die Täschchen auch in heißem Öl in der Pfanne von beiden Seiten ein paar Minuten braten, bis sie goldbraun sind. Auf einem Küchenpapier abtropfen lassen und zum Wein verknuspern – ohne Sauce. Am besten schmecken Ravioli mit Käsefüllung.

LECKEREIEN FÜR SÜSSSCHNÄBEL

Irgendeines dieser Rezepte können Sie sicher so oder ähnlich nachkochen, ohne eigens noch einkaufen zu gehen. Wenn nicht genügend Eier vorhanden sind, klingeln Sie beim Nachbarn.

PAIN PERDU ODER ANGETÖRNTE ARME RITTER

SIE BRAUCHEN:

5 Eier, 1/2 Tasse Zucker, 1/2 Tasse Milch, 1 Schuß Grand Marnier oder Cointreau, Butter, Weißbrot oder Toastbrot

Eier, Zucker, Milch und Schnaps werden in einem tiefen Teller schaumig geschlagen. In dieser Masse werden die Weißbrotscheiben eingeweicht. Butter in die Pfanne, tropfendes Brot hineinlegen und auf jeder Seite 2 Minuten backen.

Pro Person rechnet man 2 Scheiben. Das stopft männliche und weibliche Süßmäuler am Abend.

BLÜHENDE JUNGFRAU

Die Jungfrau, weiß wie Eischnee, errötet im klassischen Rezept durch rote Johannisbeeren, es geht aber auch mit Erdbeeren oder Himbeeren. Die Jungfrau kann sicher auch mit Kiwi, Blaubeeren, süßen Mixed pickles oder anderen Früchten aus dem Glas, die aber vorher gut abtropfen müssen, zum Blühen gebracht werden.

SIE BRAUCHEN:

frische oder tiefgekühlte Johannisbeeren, Zucker und für jeden Esser 1 Eiweiß

Zuckern Sie die frischen Johannisbeeren kräftig und zerdrücken einige mit der Gabel, so daß sich etwas Saft bildet. Tiefgefrorene Beeren sind nach dem Auftauen saftig genug. Die Eiweiße werden mit einem Schneebesen oder einer elektrischen Küchenhilfe zu festem Eischnee geschlagen und mit den Johannisbeeren vermischt. Das ergibt einen rosawolkigen Traum, den man direkt aus den Tellern züngeln kann.

KAISERSCHMARREN

SIE BRAUCHEN:

6 Eier, 3 Eßlöffel Mehl, 3 Eßlöffel Milch oder Sahne, 3 Eßlöffel Zucker, Rum, 1 Handvoll Rosinen, Puderzucker und 1 Glas Pflaumen

Das haben Sie vielleicht alles im Vorrat. Die Rosinen müssen ein paar Stunden in Rum herumliegen. Stopfen Sie am besten irgendwann vorsichtshalber ein Glas mit Rosinen voll, füllen mit Rum auf und vergessen es einfach. Dann haben Sie die Früchtchen immer parat, wenn sie gebraucht werden. Sie passen schließlich nicht nur zum Kaiserschmarren, sondern auch zu Vanilleeis.

Trennen Sie Eigelb vom Eiweiß, und rühren Sie sie mit dem Mehl, der Milch, dem Zucker und einer Prise Salz zu einem feinen Teig. Ein paar Abreibungen einer ungespritzten Zitronenschale sollten auch nicht fehlen. Nun wird das Eiweiß zu steifem Schnee geschlagen und unter den Teig gehoben.

Erhitzen Sie Butter in der Pfanne, gießen Sie Teig für einen dicken Pfannkuchen dazu und streuen Sie ein paar Rosinen obendrüber. Wenn der Pfannkuchen unten braun wird, muß er gewendet werden. Nun zerfetzen Sie ihn mit zwei Gabeln in Stücke und sieben Puderzucker darüber. Klassisch wird er mit weichgekochten Pflaumen, die mit Zitrone, Zucker und Zimt gewürzt sind, serviert. Ein Glas mit Pflaumen tut es aber auch.

CRÈME CARAMEL

Kein Dessert braucht weniger Zutaten als dieses, kaum eines ist einfacher herzustellen, und kaum eines flutscht schneller vom Teller in die Schleckermäuler. Crème caramel ist nicht zu süß, sondern gerade richtig.

SIE BRAUCHEN:

1/2 Liter Milch, 5 Eier, 1 Vanilleschote oder ein Päckchen Vanillezucker, 4–5 Eßlöffel Zucker und noch einmal 7 Eßlöffel Zucker

Beginnen Sie mit der Caramelsauce. 7 Eßlöffel Zucker kommen in einen kleinen Topf und werden bei mittlerer Hitze geschmolzen. Am besten nehmen Sie zum Rühren einen langstieligen Holzlöffel, denn der geschmolzene Zucker wird höllisch heiß, und das hält kaum ein Plastiklöffel aus. Wenn der Zucker schmilzt, färbt er sich bald goldbraun. Wenn er zu dunkel wird, schmeckt er bitter. Probieren Sie ihn aber nicht aus Versehen. Lassen Sie ihn etwas abkühlen und gießen Sie 2 Eßlöffel heißes Wasser hinzu. Wahrscheinlich wird es spritzen. Nun gießen Sie den karamelisierten Zucker in eine Puddingform und schwenken sie, damit die Sauce gut verteilt wird.

Schlitzen Sie die Vanilleschote auf, kratzen das Mark heraus, erhitzen die Milch mit dem Mark und der Schote. Nebenbei schlagen Sie die Eier mit dem Zucker in einer Schüssel schaumig. Dann fischen Sie die Vanillestange aus der Milch, gießen die Milch in die Eiermasse, rühren einmal um und gießen alles in die Puddingform.

Setzen Sie nun die Form in einen flachen Topf mit Wasser oder benutzen Sie als Wasserbad die Fettpfanne des Ofens. Nun braucht die Crème bestimmt eine gute Stunde bei 170° im Ofen, um fest zu werden. In kleinen Näpfchen geht es schneller. Decken Sie die Form nach 45 Minuten mit Alufolie ab, damit die Crème nicht zu dunkel wird. Lassen Sie sie abkühlen, ritzen Sie mit einem Messer am Rand entlang und stürzen Sie sie auf einen großen Teller. Es reicht für vier Personen, wenn die nicht zu gierig sind.

MOUSSE À LA MINUTE

SIE BRAUCHEN:

3 Eier, 100 g Zucker, 1 Schachtel Frischkäse (200g), 3 Eßlöffel Crème fraîche, 4 Eßlöffel Grand Marnier oder Cointreau

Trennen Sie die Eiweiße vom -gelb und lassen Sie sie ein paar Minuten im Eisfach frieren. In der Zeit schlagen Sie die Eigelbe mit dem Zucker schaumig, verrühren den Likör mit dem Frischkäse und vermischen beides liebevoll. Nun holen Sie das Eiweiß aus der Kälte und schlagen es sehr steif. Rühren Sie es sanft und locker unter die gelbe Creme und verteilen Sie alles in kleine Schälchen. Das Dessert kann noch im Kühlschrank ruhen oder aber gleich verputzt werden. Es sollte reichen für 6 Naschkatzen. Sie können natürlich auch mit ganz anderen Likören würzen. Zum Beispiel mit Cassis, oder Sie nehmen einen Fruchtsirup ohne Alkohol.

ALLES MELBA

SIE BRAUCHEN:

Frische, große Früchte wie Pfirsiche, Birnen, Nektarinen oder Mangos oder Früchte aus dem Glas, Obstbrand, Mandelsplitter oder Nüsse, frische oder tiefgefrorene Beeren, Zucker, Schlagsahne, Vanilleeis

Für das klassische Dessert Pfirsich Melba brauchen Sie frische Pfirsiche, 1 Minute gekocht, dann kalt erschreckt, gehäutet, halbiert und entsteint. Sie werden in einer Mischung aus Zuckerwasser und hochprozentigem Kirschwasser ein paar Minuten lang gekocht. Auf jedes Desserttellerchen kommt eine Kugel Vanilleeis. Darauf wird der Pfirsichhut gesetzt. Nun pürieren Sie mit dem Schneidstab gut gezuckerte Himbeeren, gießen den Fruchtbrei über die Pfirsiche, streuen Mandelsplitter darüber, die Sie in einer Pfanne ohne Fett ganz leicht geröstet und gebräunt haben, und setzen einen Klacks frische Schlagsahne daneben.

SPONTANE GELAGE

Rezepte für Überfälle
— wenn etwa nach dem Kino
alle mit hochkommen

HEISSER OFEN – COOLE KÖCHIN

Die virtuose Köchin zuckt nicht zusammen, wenn ein spontanes Gelage bevorsteht, weil ihr Schatz anruft und sagt, er sei in einer Stunde da und bringe ein paar Freunde mit. Der Laden an der Ecke hat natürlich zu, und im Kühlschrank höhnt das nackte Grausen. Auch die Schlampenköchin bleibt cool, denn sie weiß, daß es einfache und raffinierte Möglichkeiten gibt, viele Mäuler auf einmal zu stopfen. Generationen von Frauen in aller Welt haben in der Schlange bei Aldi, auf dem gemeinsamen Weg zur Toilette und während ihrer Arbeitszeit im Büro eine beeindruckende Menge an geheimem Wissen zusammengetragen, das aus dem Bauch kommt, von daher, wo der Hunger sitzt, und nicht aus bunten Frauenzeitschriften mit beängstigenden Food-Installationen, bei deren Anblick schon so mancher Neuling die Möglichkeit, das alles selbst zu kochen, erfolgreich ausgeblendet hat.

GRATINS UND AUFLÄUFE: EINER GEHT WIE ALLE

Gratins und Soufflés – beide heißen in deutschen Küchen Auflauf, aber es handelt sich um ganz verschiedene Gerichte. Gratins sind überbackene Speisen, die keineswegs aufgehen oder gar -laufen. Es sind im Prinzip hübsch überkrustete Berge in einer Backform.

Das Gratin besteht aus einer flachen Schicht Kartoffeln oder anderem Gemüse, ist mit Sahne aufgegossen, mit Käse bestreut und überbacken. Oder es ist ein bißchen höher geschichtet mit einer Mischung aus Gemüse und Speck oder Gemüse und Wurst oder Fleisch und von einer dicken Béchamelsauce (siehe Seite 54) bedeckt.

Soufflés dagegen gehen wirklich auf, sie sind sehr fragil und leicht. Aufläufe also, oder gnädig gratinierte Resteberge, sind die Rettung des schlampigen, sparsamen, raffinierten oder bequemen Blenders. Hausfrauen aller Zeiten, besonders der schweren, sind genial im Erfinden des immer gleichen, aber

geschmacklich variablen Auflaufs. Die Zutaten kann man frisch vorbereiten, oder sie sind schon fertig und von gestern. Man schichtet sie in die Form und schiebt sie einfach zur richtigen Zeit in den Ofen.
Danach kann man ein Bad nehmen und braucht sich nicht mehr um den Auflauf zu kümmern, bis er auf den Tisch kommt. Für überraschenden Besuch sind Aufläufe das gefundene Fressen.

DER ULTIMATIVE AUFLAUF

SIE BRAUCHEN ALS HAUPTBESTANDTEIL:

gekochte oder rohe Kartoffeln oder gekochte oder ungekochte Teigwaren oder Lasagneblätter oder gekochten Reis, Polenta (Maisgrieß), geriebenen Käse

DAZU:

Gemüse, wenn Sie nichts anderes finden, wenigstens Zwiebeln, Knoblauch, Fleisch, Bratenreste oder Wurst- und Aufschnittreste, gekochten oder rohen Schinken, dünne Bacon-Scheiben oder gewürfelten Speck, gewürztes Hackfleisch oder Bratwurstinhalt. Fischfilet von Schellfisch, Seelachs oder Dorsch. Thunfisch aus der Dose oder geräucherten Fisch

ZUM BINDEN:

1-2 Eier, 1-2 Becher Sahne oder Béchamelsauce (siehe Seite 54) oder Semmelbrösel

Stellen Sie als erstes den Ofen auf mittlere Hitze ein. Schichten Sie in einer gefetteten, feuerfesten Form übereinander, was Sie finden und was geschmacklich und von der Garzeit her zusammenpaßt: Reis oder Nudeln, Gemüse, gegartes Fleisch oder Fisch. Eier werden mit der Sahne und geriebenem Käse vermischt und gleichmäßig über die ganze Masse gegossen, so daß sie knapp bedeckt ist. Oder Sie legen nach der Hälfte der Garzeit Käsescheiben obendrauf. Nun kann alles bei 180° im Backofen etwa 30 bis 40 Minuten bräunen.

SCHLAMPENTIP:
Wenn Sie Nudelauflauf aus ungekochten Nudeln machen wollen, nehmen Sie wegen der langen Garzeit unbedingt dicke Nudeln wie Makkaroni oder Tortellini, die können das vertragen, und achten Sie darauf, daß die Nudeln mit Flüssigkeit bedeckt sind, wenn Sie sie in den Ofen schieben. Spaghetti und Tagliatelle kocht man besser vor und schiebt sie mit allen Zutaten nur ganz kurz zum Überkrusteln in den Backofen. Wenn Sie Parmesan über einen Auflauf streuen, müssen auch noch Butterstückchen dazu. Parmesan ist trocken. Vermischen Sie ihn lieber immer mit Milch oder Sahne. Dann bindet er und dickt die Flüssigkeit an.

KÄSENUDELN MIT DICKER SAUCE ÜBERBACKEN

SIE BRAUCHEN:
Makkaroni oder Penne, also dicke Röhrennudeln, 5 Teelöffel Mehl, 2,5 Tassen Milch und 1–2 Tassen geriebenen Cheddar. Es geht auch mit Gouda, Emmentaler oder Appenzeller.

Zuerst die **Béchamelsauce:** Erwärmen Sie Milch in einem kleinen Topf und stellen Sie sie beiseite. Erhitzen Sie Butter, aber nicht zu lange, sie soll nicht braun werden. Lassen Sie nun das Mehl zügig hinterherrieseln, und verrühren Sie es mit einem Kochlöffel im Fett. Nun kippen Sie die warme Milch langsam mit einer Hand hinzu, während die andere zum Schneebesen greift und kräftig wuschelt. Wenn die Sauce glatt und dicklich blubbert, lassen Sie sie 2–3 Minuten köcheln. Wenn sie klumpt, fangen Sie schnell von vorn an, oder Sie starten einen Rettungsversuch, indem Sie sie durch ein Sieb laufen lassen. Penne werden bei der langen Backzeit nicht schlabberig und können inwendig und drumherum viel Sauce halten. Heizen Sie als erstes den Backofen auf 180° vor. Die Nudeln werden mit der Sauce gemischt und dann in eine Auflaufform befördert. Nach 30–40 Minuten sind die Nudeln gar, und der Auflauf hat eine leckere braune Kruste.

VARIATION:
2 bis 3 zerhackte **Knoblauchzehen** und eine Handvoll zerbröselter, getrockneter **Salbei** in der Saucenmischung verleihen dem Auflauf ein Aroma, das Ihre Gäste im Laufschritt zur Tafel bringt.

SCHLAMPENTIP:
Wenn Ihnen die feine Béchamelsauce zuviel Arbeit macht, nehmen Sie einen Viertelliter **Sahne** oder **Milch** und **2 Eier**, verwirbeln Sie alles und gießen Sie diese Mischung, gewürzt und gesalzen, über die Nudeln. **Käse** hinein oder obendrauf – fertig.

SÜSSER AUFLAUF ODER KIRSCHENMICHEL

SIE BRAUCHEN:
Milchbrötchen, 1/4 Liter Milch, 3–4 Eier, Zucker, Zimt, Butter, 1 Zitrone, 1,5 Pfund Kirschen oder ein Glas Kirschen, abgetropft

Entrinden Sie ein paar Brötchen oder Toastbrot, schneiden Sie alles in Scheiben, weichen Sie es in Milch ein und zerdrücken es. Trennen Sie Eigelb und Eiweiß. Schlagen Sie das Eiweiß zu festem Schnee. Sperren Sie das Eiweiß kurz ins Gefrierfach, dann läßt es sich leichter steif schlagen. Eine Prise Salz oder Zucker nicht vergessen. Butter, Eigelb und Zucker werden schaumig miteinander verrührt, mit einer Messerspitze Zimt und mit abgeriebener Zitronenschale gewürzt und dann mit dem Milchbrei und den (entkernten und entstielten) Kirschen vermischt. Wühlen Sie den Eischnee zum Schluß vorsichtig unter. In die Auflaufform kommen Butter und Zwiebackbrösel oder gehackte Mandeln oder Haselnüsse – oder gar nichts. Bei mittlerer Hitze ist der Kirschenmichel in etwa einer Dreiviertelstunde fertig.

VARIATION:
Erstens geht der Michel auch mit **Zwieback** oder **Toastbrot** oder **Weißbrot**, und zweitens kann er auch **Birnenmichel** heißen.

PFANNKUCHENAUFLAUF

SIE BRAUCHEN:
1/4 Pfund Mehl, 2 Eier, 1/4 Liter Milch, entweder Salz, Muskat oder Zucker, Butterfett

Butterfett oder Öl wird in der Pfanne erhitzt, Milch, Eier und Mehl werden gut miteinander verrührt zu einem flüssigen Teig. Salzig oder süß würzen, aber jeweils nur mit einer Prise. Aus dem Teig backen Sie nun kleine Pfannkuchen, die zum Abkühlen einzeln auf dem Tisch ausgebreitet werden. In die Pfannkuchen können Sie rollen, was Sie wollen. Zum Beispiel Spinat.

SIE BRAUCHEN:
Zwiebel, Knoblauch, Salz, Muskat, Butter, frischen oder tiefgekühlten Spinat. Für die Sauce: 1/4 Liter saure Sahne, 2 Eier, Muskat, Salz, geriebenen Käse

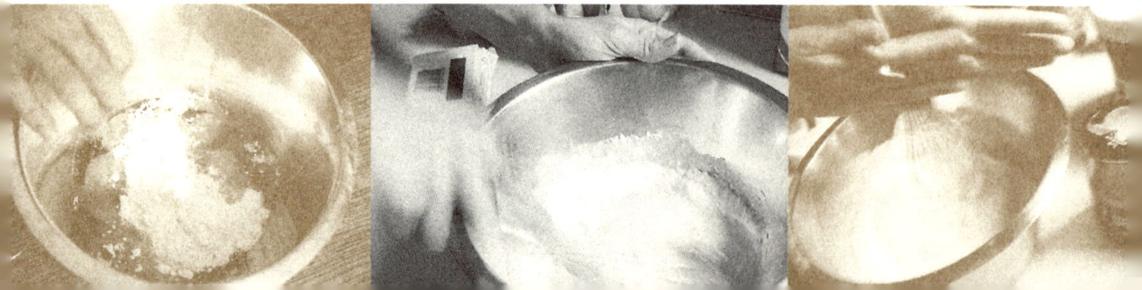

Dünsten Sie den gewaschenen Spinat mit gehackten Zwiebelstückchen in Butter, bis er zusammenfällt, und würzen Sie ihn mit Salz und Muskat. Wenn Sie noch gekochten Schinken, Wurst oder anderen Aufschnitt haben, mischen Sie das Fleisch unter den Spinat. Nun bestreichen Sie jeden Pfannkuchen mit der grünen Masse und rollen ihn auf. Die Rollen kommen der Länge nach oder in breite Räder geschnitten in eine mit Butter bestrichene Auflaufform. Darüber gießen Sie die Sauce aus ¼ Liter Sahne, in diesem Fall am besten saurer, und 1–2 Eiern und viel geriebenem Käse, oder Sie legen eine Scheibe obendrüber. Im Ofen bei mittlerer Hitze ist dieser Auflauf in etwa einer halben Stunde fertig.

S C H L A M P E N T I P :
Den tiefgekühlten Spinat tauen Sie in der Mikrowelle auf oder in einem Sieb über kochendem Wasser, oder Sie ignorieren seinen Zustand und werfen den harten Block mit Butter einfach so in den Topf und dünsten ihn mit ein bißchen Wasser, bis er zerfallen ist.

V A R I A T I O N :
Ein Sauerkrautauflauf wird es, wenn Sie gut gekümmeltes **Sauerkraut** aus der Dose in die Pfannkuchen einrollen und **Eiersahne** mit **Speckstückchen** und Käse darübergießen.

S C H L A M P E N T I P :
Im übrigen können Sie den Pfannkuchenteig auch mit **Speck** und gedünsteten **Zwiebeln** aufrüsten und die gebratenen Pfannkuchen essen, wie sie sind, das ist lecker, und wenn Sie haben, spendieren Sie einen grünen Salat dazu.

GEMÜSEKUCHEN ODER CLEVERE TORTEN

Sie haben leichtfertig zugesagt, als ein paar Kollegen das Meeting nicht im Restaurant, sondern in entspannter Atmosphäre wünschten, und nun tut es Ihnen leid, weil Sie sich haben bequatschen lassen, denn erst jetzt merken Sie, daß Ihr Haushalt nicht ganz auf spontane Entscheidungen dieser Art ausgerichtet ist. Zu spät. In einer Stunde oder auch eher stehen alle vor der Tür. Kaufen Sie tiefgekühlten Blätterteig, wenn Sie ihn nicht sowieso immer im Gefrierfach haben, was für Spontis eigentlich zum reinen Notwehrprogramm gehört. Wenn nicht, bereiten Sie einen Mürbeteig frisch zu (siehe Seite 59).

Mit tiefgekühltem Blätterteig oder Hefeteig können Sie fix sein und ohne Umstände einen hübschen Gemüsekuchen backen. Der Teig ist nach etwa sieben Minuten aufgetaut, die Form wird nicht gebuttert, weil Blätterteig fett genug ist, und kann dann wie eine Torte belegt werden. Blätterteig kann etwas dünner ausgerollt werden oder mit einer Ölpinselung dazwischen dicker übereinandergeschichtet werden.

ZWIEBELKUCHEN

SIE BRAUCHEN:

1 Paket Tiefkühl-Blätterteig oder Hefeteig, 3 Eier, 200 g Sahne, Salz, Pfeffer und Gewürze, 2 Gemüsezwiebeln oder mehr von den gewöhnlichen Zwiebeln oder Porree oder anderes Gemüse oder eine Mischung

VIELLEICHT:

Speck oder Würstchen oder Salami

Wenn Sie es ruhig angehen, merken Ihre spontanen Gäste gar nicht groß, was sich da in der Küche anbahnt. Sie reißen die Packung auf, legen die Teigblätter auseinander zum Auftauen und stellen den Ofen auf 180°. Die Zwiebeln zerschneiden Sie grob in Ringe, lassen etwas Fett in der Pfanne heiß werden und dünsten die Zwiebeln mit Speck schnell bei großer Hitze glasig. Nicht zu lange, denn sie sollen kein Wasser bilden. Verquirlen Sie nun Sahne und Eier und würzen Sie mit Salz, Pfeffer und Kümmel. Jetzt ist der Teig aufgetaut. In einer runden Backform legen Sie die Teigblätter aus, stückeln sie so zurecht, daß sie passen, picken mit einer Gabel ein paarmal hinein, damit sie nicht so hoch aufgehen, und verkleben sie an den Rändern gut mit angefeuchtetem Fingerdruck. Einen 2–3 cm hohen Rand sollte der Kuchen auch bekommen.

Oder aber Sie schneiden Quadrate und drücken diese nun jeweils in eine große Tasse oder in ein Blech mit Vertiefungen für Muffins. Dann erhält jeder seinen eigenen Kuchen. Lassen Sie die vier Ecken des Teiges ruhig abstehen, das sieht hübsch aus, wenn die Förmchen gebacken sind. Nun werden die Zwiebeln in die Teigform geschichtet und die Eiermasse darübergegossen. Sie lassen sich, wenn sie fertig gebacken sind, mit einem Messer ziemlich leicht aus den Tassen lösen. Ab in den Ofen. Bis jetzt hat es etwa 20 Minuten gedauert. Wenn die anderen schon da sind, haben sie in der ganzen Zeit gerade mal den Tisch gedeckt und den Wein geöffnet. Nun können Sie sich dazusetzen und so lange trinken und schwatzen, bis der Kuchen fertig ist. Das dauert etwa 30 Minuten.

MÜRBETEIG:
Butter oder Schmalz und Mehl, jeweils 100 g, 1 Ei und Salz werden miteinander verknetet und ruhen dann als Kloß zehn Minuten. Danach wird der Kloß mit einem Nudelholz oder einer Flasche auf bemehlter Unterlage ausgerollt und in eine Kuchenform gelegt, die vorher mit Butter ausgerieben wurde.

VARIATION:
Wenn Sie eine Dose **Artischockenherzen** oder **-böden** im Haus haben, frische **Tomaten** oder eine Dose gestückelte Pizzatomaten oder ganze geschälte, lassen Sie alles gut abtropfen, damit die Mischung nicht zu feucht ist und

der Teig beim Backen nicht durchweicht. Sonst backen Sie ihn vorsichtshalber blind, während Sie das Gemüse vorbereiten, indem Sie Backpapier auf dem Teig in den Förmchen ausbreiten und mit Hülsenfrüchten beschweren. Die können Sie zum Backen immer wieder verwenden. Anschließend backen Sie das Gemüse in den fertigen Törtchen. Mit gepreßtem **Knoblauch** und ein paar feingeringelten **Zwiebeln** oder **Frühlingszwiebeln** mischen und dann mit Eiersahne übergießen.

RICOTTATORTE

Sie haben nicht zufällig Ricotta im Haus? Wenn nein, dann nehmen Sie einen Becher **Sahne, 3 Eier** und **3 Eßlöffel Parmesan,** verrühren alles miteinander, mischen, was Sie an frischen Kräutern im Hause haben, gehackt unter die Eiersahne, und fertig ist die Törtchenfüllung. Die Masse wird fest und leicht beim Backen. Wenn die Masse nicht ausreicht, mischen Sie mehr an, aber im gleichen Verhältnis.

Oder nehmen Sie doch **Philadelphia** oder anderen Frischkäse, und denken Sie beim nächsten Einkauf daran, Ricotta zu besorgen. Den kann man sogar einfrieren. Nehmen Sie diesmal also einfach den **Käse,** der da ist. Wenn Sie doch Ricotta im Haus haben, mischen Sie 200 g davon mit **1 Eigelb** und einem **ganzen Ei** und einer Handvoll geriebenem **Parmesan** und arbeiten noch buntes Gemüse hinein: **Erbsen** und **Wurzeln, Spinat, Brokkoli** oder anderes Gemüse schneiden Sie ganz klein und blanchieren es kurz in kochendem Salzwasser. Dann mischen Sie es mit der Ricottamasse und backen die Torte.

SCHLAMPENTIP:
Fischtörtchen

Füllen Sie ein paar Tassen mit dem quadratisch ausgeschnittenen Teig, so daß die Ecken ein bißchen überlappen. Die Füllung besteht aus eingedostem Fisch **(Öl-**

sardinen, Räucherfisch, Thunfisch), der gut abtropfen muß. Dann zerpflücken Sie ihn mit einer Gabel, mischen ihn unter die Eiersahne **(3 Eier, 200 g Sahne, 3 Eßlöffel geriebener Käse),** fügen noch einen Teelöffel scharfen Senf, etwas Zitronensaft und Pfeffer dazu und füllen die Teignäpfe oder die Tortenform damit. Auf jeden Napf kommt noch ein Scheibchen Käse.

SCHNELLE PIZZA

Als erstes wird der Backofen auf 200° vorgeheizt. Die Blätter vom Blätterteig werden in sieben Minuten aufgetaut, dann halbiert und so ausgerollt, daß jede Person ein ausreichend großes Stück bekommt. **Zwiebeln** werden mit **getrockneten Kräutern** in wenig Öl zehn Minuten gedünstet und dann dünn über die Stücke verteilt; lassen Sie lieber rundherum auf dem Teig ein bißchen Platz. Legen Sie nun über die Zwiebelmasse ein paar dünne **Tomatenscheiben** oder gut abgetropfte, **gehackte Dosentomaten.** Wenn Sie nun noch **Sardellen** im Glas oder **schwarze Oliven** haben, dann immer drauf damit. Auch Rucola macht sich gut. Das macht die Pizzen pikant. Streuen Sie reichlich **Käse** über alles. Wenn Sie die vorsorglich freigelassenen Ränder noch mit einem gequirlten Ei bepinseln oder bestreichen, sehen die fertigen Pizzen ganz goldig aus. Es gibt auch schon fertige, aufgerollte Pizzaböden zu kaufen. Praktisch.

NOTHÄHNE VON DER IMBISSBUDE

Eilen Sie der nachfolgenden Meute ein wenig voraus und raffen Sie an der nächsten Imbißbude einen ganzen gebratenen Hahn an sich. Zu Hause ziehen Sie ihm rasch die verwürzte Haut vom Leib. (Vernaschen Sie die selbst, notfalls mit schlechtem Gewissen.) Ein Hähnchen hat zwar zwei saftige Schenkel, aber meist eine trockene Brust. Wenn man das Fleisch jedoch zerpflückt, kann man es rasch in einen sehr passablen, ziemlich asiatischen warmen Geflügelsalat verwandeln. Das Nötigste dafür haben Sie im Schrank, wenn Sie sich an die Vorratsliste auf Seite 146 halten.

CHINA-CHICKEN

SIE BRAUCHEN:

Erdnußbutter, Zitronensaft, ein wenig Sojasauce, ein paar getrocknete Stückchen Chilischote, gepreßten Knoblauch, feingeraspelten Ingwer, 2 hauchdünn geschnittene Zwiebeln

NUR ZUM SPASS:

Öl, Kroepoek oder Glasnudeln

Im Topf die dünnen Zwiebelringe in Öl anbraten, einen geraspelten Knubbel Ingwer hinzuwerfen. Nun schicken Sie 3 Eßlöffel Erdnußbutter (oder alles, was noch im Glas ist) nach, etwas Wasser, dann Zitrone, Chilibrösel oder Cayennepfeffer, eventuell Zucker; jedenfalls wird kräftig süß-scharf abgeschmeckt.

Jetzt backen Sie Kroepoek. Das sind die kleinen harten Teile aus Garnelenextrakt, die man von indonesischen Restaurants her kennt und die es inzwischen in der asiatischen Ecke im Supermarkt gibt. Fritiert werden sie groß wie Schuhsohlen.

Dafür gießen Sie 1 cm hoch Öl in eine Pfanne, erhitzen es stark, werfen immer nur ein Stück Kroepoek hinein und löffeln es mit einer Schaumkelle gleich wieder heraus, sobald es sich in der Pfanne ausgebreitet hat; es darf nicht bräunen, sondern

muß ganz weiß bleiben. Dann zerbrechen Sie die fertigen Sohlen und legen Stücke davon auf den Teller. Darauf kommt das Hähnchenfleisch und über alles die warme Sauce: Vor Ihnen steht ein knuspriges und exotisches Gericht.
Statt Kroepoek können Sie auch Glasnudeln fritieren, aber nur, weil sie schön aussehen und Biß haben, denn sie schmecken nach nichts. Schneiden Sie sie mit der Schere in streichholzlange Stücke, greifen Sie davon mit allen Fingerspitzen einer Hand je ein Häufchen und werfen es in das heiße Öl. Aber Achtung! Man ziehe Hand und Körper sofort zurück, denn in einer Sekunde explodiert das Zeug krachend zu entzückenden, spröden Nestern, die man sofort mit einer Schaumkelle aus dem Topf holt und auf den Tellern verteilt. Darauf oder daran wird das Fleisch mit der Sauce angerichtet

NOTHAHN PIZZAIOLA

SIE BRAUCHEN:
1 Dose gehackte Pizzatomaten,
1 Lorbeerblatt, getrocknetes Basilikum,
1 gehackte Zwiebel, Knoblauch, Oregano,
Kapern oder schwarze Oliven

Halten Sie das gebratene Hähnchen im Backofen warm. Dünsten Sie die gehackte Zwiebel mit dem gehackten Knoblauch in etwas heißem Öl in einer Pfanne an, schicken Sie die gehackten Dosentomaten, 1 Lorbeerblatt und eine Handvoll Kapern oder schwarze Oliven hinterher. Streuen Sie Kräuter, Pfeffer und Salz darüber und lassen Sie alles ein Viertelstündchen lang einkochen.
Dann erwärmen Sie Brötchen oder Baguettebrot im Ofen, zerpflücken das Hähnchen, mischen das Fleisch unter die Sauce und richten alles auf Tellern an.

DIE NUDEL-ARIE

Da läßt man sich nichtsahnend auf einen Kinoabend mit lieben Freunden ein, und nachher haben alle wölfischen Hunger. Sie wollen nur eine Kleinigkeit, und die ganz schnell. Klar doch. Spaghetti oder andere Nudeln sind bestimmt in den Vorräten auch des liederlichsten Küchenchefs vorhanden. Auch ein gutes Olivenöl, Knoblauch, Peperoncini, ein Stück Parmesan. Wenn nicht, schaffen Sie es an. Diese Zutaten kann man wochenlang aufbewahren. Hieraus werden die klassischen Nudeln mit *aglio olio e peperoncini* – die scharfe Knoblauch-und-Öl-Sauce. Ob die Nudeln nun zufällig grün sind oder schwarz, ob nur Farfalle, Makkaroni oder Penne im Haus sind oder Reste aus vier verschiedenen angebrochenen Packungen, das ist nur kochtechnisch bemerkenswert, auf dem Teller sogar originell. Sie können noch ein paar Kapern an die Nudeln werfen oder eine einsame, letzte Tomate, kleingewürfelt; oder eine Dose Thunfisch, ein paar Oliven aus dem Glas oder eine Tomatensauce aus Dosentomaten und Gewürzen. Haben Sie frisches Basilikum oder Petersilie, bieten sich ganz neue Möglichkeiten, erst recht, wenn Sie über Pinienkerne, Nüsse, Spinat und reichlich Tomaten verfügen. Spaghetti zu kochen ist wirklich leicht. Sie brauchen nur einen großen Topf, Salz und viel Wasser. Lassen Sie sich nicht davon beeindrucken, daß jemand behauptet, man müsse Öl ins Kochwasser geben, die Nudeln kalt abschrecken oder sonstwas tun. Sauce brauchen sie, damit sie nicht zusammenkleben, und zwar gleich, wenn sie gar sind und das Wasser abgegossen ist. Sie können sie dann entweder sofort auf Teller füllen oder erst in eine größere Schüssel betten; auf jeden Fall sollte die Sauce fertig sein, damit sie augenblicklich über die Nudeln gegossen werden kann. Wenn die Sauce noch nicht schmeckt, geben Sie einfach ein paar Tropfen Olivenöl an die Nudeln und mischen Sie sie mit der Gabel gut durch. So können sie noch ein paar Minuten auf ihre feuchte Saucenumhüllung warten, ohne zusammenzupappen.

SPAGHETTI AGLIO OLIO

SIE BRAUCHEN:

Olivenöl, Knoblauch, Pfeffer, Salz, Peperoncini (kleine rote Pfefferschoten)

Damit bereiten Sie ein perfektes Gericht zu, das mit einem Glas Rotwein immer wieder schwach macht. Das Olivenöl kommt in einen Topf, die in winzige Stückchen gehackte Pfefferschote, der gehackte Knoblauch und Salz kommen dazu. Wenn das Öl heiß ist, wird es mit den fertigen Spaghetti gemischt, und dann fehlt dem Kenner nichts mehr. Nicht mal Käse.

Die simple Salbeisauce ist genauso einfach herzustellen, und damit haben Sie schon zwei verschiedene Saucen für Ihre Überraschungsgäste.

SIMPLE SALBEISAUCE

SIE BRAUCHEN:

Butter, Salbei, Salz, Parmesan

Die Butter wird erhitzt, bis sie schäumt, aber nicht bräunt, und der Salbei, frisch oder getrocknet, kann einige Minuten darin sanft braten. Salzen, Pfeffer mahlen, mit den Nudeln vermengen, Parmesan über den duftenden Nudelberg streuen.

TOMATENSAUCE

SIE BRAUCHEN:

1 Dose Tomaten, Zwiebeln, Zucker, getrockneten Oregano, Knoblauch, Zitronensaft, 2 Sardellenfilets oder etwas Sardellenpaste, Parmesan, Kapern

Zwiebeln und Knoblauch in 3–4 Eßlöffel Olivenöl dünsten, Pizzatomaten aus der Dose dazugeben, mit Salz und Peperoncini, etwas Zucker, Zitrone und Kapern würzen. 10 Minuten lang köcheln lassen, über die fertigen Nudeln gießen, Parmesan darüberreiben, und schon ist das Essen fertig.

OLIVENSAUCE

SIE BRAUCHEN:

dunkle Olivenpaste oder schwarze Oliven, die vom Kern geschnitten werden. Olivenöl, Thymian, Basilikum, Knoblauch, Oregano

Olivenstückchen oder die Paste in drei Eßlöffel Olivenöl erhitzen, gehackten Knoblauch und einen Schwung italienische Kräutermischung einstreuen.

RADICCHIOSAUCE

SIE BRAUCHEN:

Radicchio, Olivenöl, Knoblauch, geriebenen Parmesan

Der rote Radicchio wird grob gehackt. In ein paar Eßlöffel Olivenöl andünsten und dann zwei bis drei gehackte Knoblauchzehen dazutun. Sie dürfen nicht bräunen, denn dann schmecken sie scharf und bitter. Der Radicchio muß nicht weich werden. Etwas Salz darüberstreuen, und die inzwischen garen, abgetropften Nudeln zu der Sauce in den Topf geben. Parmesan? Aber gewiß, wenn es gefällt.

VARIATION:

Mit **Rucolasalat** oder frischem oder tiefgefrorenem **Spinat** schmeckt sie auch.

GORGONZOLASAUCE

SIE BRAUCHEN:

Gorgonzola, Butter, Sahne, schwarzen Pfeffer, Salz, Muskat, Petersilie

Ein Stück Gorgonzola, ungefähr 100 g, wird mit 1 Eßlöffel Butter zerdrückt, erwärmt und dabei mit flüssiger Sahne geschmeidig gerührt. Fehlen nur noch Salz, Pfeffer und Muskat. Wenn die Nudeln – am besten die flachen Tagliatelle oder Spaghetti –

fertig sind, noch ein dickes Butterstück untermischen und dann die Gorgonzolacreme darübergießen. Mit gehacktem Basilikum oder Petersilie oder mit ein paar geschnittenen Champignons bestreuen.

STEINPILZSAHNE

SIE BRAUCHEN:

getrocknete Steinpilze, Zwiebeln, Salz, Pfeffer, Knoblauch, Butter, Sahne, Weißwein, Petersilie

Die getrockneten Steinpilze werden in warmem Wasser eingeweicht und zwischendurch ein bißchen gewendet und leicht gedrückt, denn die Pilze sind etwas sandig. Kleingehackte Zwiebeln in Butter oder Öl goldig anbraten, dann die eingeweichten und nochmals unter fließendem Wasser gereinigten, eventuell zerkleinerten Steinpilze und eine grobgehackte Knoblauchzehe hinzugeben. Mit dem Einweichwasser auffüllen, jedoch ohne den Sand am Boden des Gefäßes. (Besser ist es, wenn Sie das Pilzwasser durch einen Kaffeefilter filtern). Ein halber Becher Schlagsahne kommt noch dazu. Nun muß alles köcheln, bis die Sauce weich blubbert. Gewürzt wird sie mit Salz, frisch gemahlenem Pfeffer und Weißwein. Wenn vorhanden, etwas Petersilie darüberstreuen.

WALNUSS-SAUCE

SIE BRAUCHEN:

Walnüsse, 1 Zwiebel oder 2 Schalotten, Butter, Salz, Pfeffer, geriebenen Parmesan und 1/2 Becher Sahne

Walnüsse und Zwiebel im Mixer oder mit einem großen Messer zerhacken und dann in Butter anbraten, bis die Zwiebeln goldig-glasig sind. Dann kommen die Sahne, Salz und Pfeffer dazu. Man läßt die Sauce etwas einkochen und vermischt sie mit den gekochten Nudeln. Darüber kommt zum Schluß frisch geriebener Parmesan.

THUNFISCHSAUCE

SIE BRAUCHEN:

1 Dose Thunfisch in Wasser und Salz eingelegt, 1/4l süße Sahne, 1 Eigelb, 2 Eßlöffel Parmesan, 1 Knoblauchzehe, Petersilie

Knoblauch, Petersilie und abgetropften Thunfisch fein hacken, in Olivenöl dünsten. Sahne, Eigelb, Parmesan, Salz und Pfeffer verrühren und zu der Thunfisch-Mixtur geben. Über die Nudeln gießen.

VARIATION:

Sahne, Eigelb und Käse können fortbleiben. Statt dessen greifen Sie mit Daumen und Zeigefinger in die Dose mit den **Peperoncinibröseln,** werfen eine **Knoblauchzehe** mehr ins Öl, eine gehackte **Zwiebel** und ein halbes Gläschen **Kapern.**

NUDELN MIT PESTO

SIE BRAUCHEN:

Pesto, selbstgemacht oder direkt aus dem Glas, und dazu 1 Kartoffel

Mit den Spaghetti zusammen wird eine Kartoffel gekocht, die in würfelgroße Stücke geschnitten wird. Über die abgegossenen garen Kartoffelstücke und Spaghetti kommt die Pestosauce aus dem Glas, die mit Spaghettiwasser etwas verflüssigt wird. Das ist alles. Wenn Sie einmal richtig imponieren wollen, bereiten Sie das

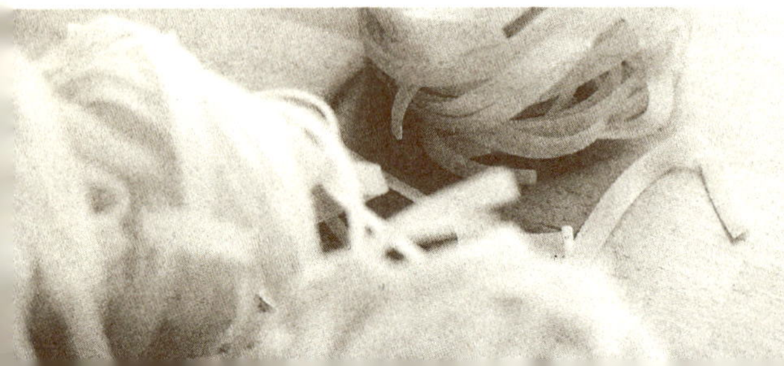

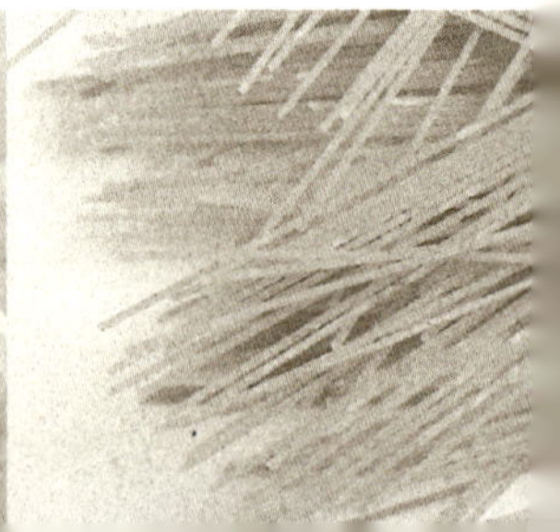

Pesto vor Zeugen selbst zu, während die Nudeln kochen: 1 Tasse frisches oder in Öl eingelegtes (gibt es im Naturkostladen) **Basilikum**, 1 Handvoll **Pinienkerne** oder **Walnüsse**, probieren Sie, ob 2 oder 4 Zehen oder mehr **Knoblauch**, 3–4 Eßlöffel **Olivenöl**, 1 Brocken **Parmesan** (etwa 1–2 Eßlöffel entsprechend) werden auf einmal in den Mixer geworfen und in Null Komma nichts auf höchster Stufe zermetzelt. Ein paar Eßlöffel Spaghettiwasser in den Mixer fließen lassen, das macht die Sauce geschmeidiger.

Wenn Sie Pesto auf Vorrat zubereiten, geben Sie kein Wasser hinzu. Die Sauce wird mit Öl gut bedeckt und im Glas im Kühlschrank aufgehoben. So hält sie sich bestimmt zwei Wochen. Raffiniert und etwas herber: Nehmen Sie statt Basilikum einmal Rucola.

MUSCHELSAUCE

SIE BRAUCHEN:

1 Zwiebel, 5 Knoblauchzehen, Olivenöl, ein paar frische Tomatenstücke oder 2–3 Eßlöffel abgetropfte, gehackte Dosentomaten, Petersilie und schwarzen Pfeffer, 1 Glas Venusmuscheln (Vongole al naturale) oder tiefgekühlte Meeresfrüchte

Zwiebeln und Knoblauch hacken und in Öl andünsten, die Tomaten in den Topf geben, alles petersilieren, pfeffern und salzen, am Schluß die Muscheln mit ihrem Saft in den Topf gießen und ein Schluck Weißwein hinterher, weil das nie verkehrt

ist. Die gemischten Meeresfrüchte aus der Tiefkühltruhe im Supermarkt eignen sich gut für spontane Entscheidungen. Sie werden nicht aufgetaut, sondern sofort aus der Tüte in den Topf befördert und kurz mitgedünstet.

SCHNELLE KÄSENUDELN

SIE BRAUCHEN:
Butter, geriebenen Parmesan, Salz, Pfeffer

Unter die abgetropften Nudeln einen großen Eßlöffel voll Butter und viel frisch geriebenen Parmesan heben. Salzen und mit frisch gemahlenem schwarzem Pfeffer bestreuen. Dieses Gericht mögen auch Kinder und Jugendliche, die sich nach der Schule selbst versorgen müssen. Unnötig, ihnen eine Dose mit Schlabber-Ravioli hinzustellen.

SARDELLENSAUCE

SIE BRAUCHEN:
Sardellenpaste in der Tube,
1 Becher Schlagsahne, Knoblauch

Den Inhalt der Tube mit der Sahne und so viel gehacktem Knoblauch, wie Sie mögen, erhitzen und ein wenig köcheln lassen, und schon ist die Sauce fertig. Petersilie oder klitzekleine Tomatenstückchen sollten noch darauf, schon der Optik wegen.

SCHLAMPENTIP:
Die allereinfachste Art von Nudelsauce: Braten Sie irgendein Gemüse im Topf mit Öl an, gießen Crème fraîche hinterher, pürieren alles und würzen die Sauce mit Pfeffer und Salz.

SCHLAMPENPFANNEN

Mit ein paar Gewürzen und raffinierten Kleinigkeiten kann man aus einfachem gekochtem Reis (es darf auch ein Rest von gestern sein) einen sehr akzeptablen Bratreis anfertigen, der Überraschungsgäste nicht verscheucht und auch auf vertraute Menschen nicht den Eindruck banaler Resteverwertung macht. Stöbern Sie in Ihren Vorräten.

VEGETARISCHER REIS, SOZUSAGEN INDISCH

SIE BRAUCHEN:

Reis, frischen Ingwer, frischen Knoblauch, Mandeln, gestiftelt oder geblättert, oder Cashew-kerne, Zwiebeln, Rosinen, Butterfett

AN GEWÜRZEN:

Zimtpulver, Muskat, Cayennepfeffer, Kurkuma (Gelbwurz), scharfes Madras-Currypulver

Das ist schon das Notwendigste. Wenn etwas fehlt, kaufen Sie es bei Gelegenheit, denn dieses Reisgericht schmeckt köstlich und sieht sehr gut aus. Finden Sie noch etwas an Gemüse?

ZUM BEISPIEL:

1 Zucchini oder 1 Karotte, Kohl, 1 Banane

Das ist der Idealfall für fast indischen Bratreis. Aber wenn Banane oder Zucchini fehlen, werden sie ersetzt: Nehmen Sie statt der Banane ein paar abgetropfte Aprikosen aus dem Glas, auch eine einzige Karotte, Paprikaschote oder Porreestange behagt der Zunge. Oder Tiefkühlerbsen. Dosenchampignons sind eigentlich verachtenswert, aber um noch eine Bißvariante in das Gericht zu bringen, kann man auch ihnen eine Chance geben. Kochen Sie den Reis oder nehmen Sie den vom Vortag. Die Zwiebeln und anderes Gemüse, Banane, Rosinen und Mandeln werden in

Butterfett angebraten, dann kommt der grobgeschnittene Knoblauch dazu, der jedoch nicht stark braten darf, sonst wird er braun und scharf. Den Pfanneninhalt in eine Schüssel geben und neues Fett in der Pfanne erhitzen. Nun kommt der schon fertige Reis in die Pfanne und wird gebraten. Dann würzen Sie ihn mit allem, was ihn gelb und indisch macht, scharf-süß. Die Gemüsemischung wieder untermengen, anrichten. Wenn Sie etwas Hackfleisch oder Fleischschnetzel haben, werden diese mit dem Gemüse zusammen angebraten, aber auch vegetarisch befriedigt dieses Gericht sehr.

REIS, ZIEMLICH CHINESISCH

Der ziemlich chinesische Bratreis benötigt eine andere Gewürzmischung; er ist nicht scharf-süß, sondern scharf-salzig, und auch er kann mit Fleischstückchen oder Hackfleisch zubereitet werden. Das heißt, es sollten keine Früchte hinein, doch diese Reispfanne wird sich ebenfalls mit allen Arten von Gemüse arrangieren, die vorhanden sind.

SIE BRAUCHEN:
Karotte oder Zucchini, Porree, Paprika, Zwiebel, Champignons, Sojabohnensprossen oder andere feste Gemüsesorten, auch Kohl oder tiefgekühlte Erbsen, Reis

AUS DEM VORRAT:
Knoblauch, Ingwerscheiben, Sherry, Sojasauce, Sesamöl, rote Pfefferschote

Wenn Sie getrocknete chinesische Pilze haben, die wie Mäuseohren aussehen, greifen Sie zu, sie geben Biß. Auch Wasserkastanien und Bambusspitzen aus der Dose können sehr viel bewirken, besonders, wenn Sie wenig Gemüse im Haus haben. Würzen Sie mit Sojasauce, einem Schuß Sherry und ein paar Tropfen Sesamöl.

CHINESISCHER BRATREIS

SIE BRAUCHEN:

frisch gekochten Reis oder einen Rest von gestern, 1 Ei, gehackte Zwiebeln, tiefgekühlte Erbsen, Sesamöl. Ein Stück gebratenes Hühnerfleisch. (Vielleicht noch die trockene Brust, die vom Imbißhähnchen übrigblieb)

Das Fleisch wird zerpflückt und beiseite gestellt. Das Ei mit etwas Wasser verrühren, Erbsen aus der Packung in die Pfanne schütten und in warmer Butter schmurgeln, das Ei darübergießen und nicht bewegen – bei geringer Hitze bleibt das Ei auch auf der Unterseite hell. Das Rührei aus der Pfanne nehmen, wenn es an der Oberfläche fest ist, und mit zwei Gabeln in Stücke reißen. Nun kommt etwas Pflanzenöl in die Pfanne, die Zwiebeln werden darin weich geschmort, dann folgen das Fleisch, die Sojasauce, zum Schluß der Reis. Ist der Reis heiß, schmuggelt man die Erbsen-Rührei-Stücke in die Masse und beträufelt das Ganze mit ein paar Tropfen Sesamöl.

SCHARFE GEMÜSEPFANNE

SIE BRAUCHEN:

Gemüse, Reis, Ingwer, 1 Teelöffel Sesamöl, Sojasauce, 2 Teelöffel Zucker, 2 Teelöffel Essig

WENN ES SCHARF WERDEN SOLL:

1 Teelöffel schwarze Bohnensauce aus dem Glas, rote Pfefferschote und Knoblauch

Ein paar Stückchen rote Pfefferschote werden gleich zu Anfang mit Ingwerstückchen, gehackten Zwiebeln und gehacktem Knoblauch im Öl erhitzt. Dann kommen kleingeschnittene Karotten dazu; daß die etwas länger brauchen als andere

Gemüse, sieht man ihnen schon an. Staudensellerie, Kohl, Pilze und Zucchini werden schneller weich und darum etwas später in die Pfanne geschnetzelt. Aber wenn einige Gemüse noch nicht ganz gar sind, sondern noch knusprig, macht das nichts. Die Gemüsepfanne wird mit Zucker, Essig, Sojasauce und Sesamöl und der scharfen schwarzen Bohnensauce gewürzt, und dazu gibt es Reis; oder Sie mischen eine Handvoll gekochter Reisnudeln darunter. Die werden in kochendem Wasser in nur 2 Minuten weich.

SCHICKE REISBÄLLCHEN

SIE BRAUCHEN:

1 Tasse Reis, 1 kleine Zwiebel, Knoblauch, Salami oder Schinken, Hühnerbrühe, 1 Ei

Kochen Sie den Reis in Hühnerbrühe (Instant) und braten Sie in der Zeit Zwiebeln und Knoblauchstückchen in Olivenöl glasig. Dann werfen Sie die klitzeklein geschnittenen Salami- oder Schinkenstücke zu den Zwiebeln und, wenn Sie haben, noch irgendein Gemüse hinterher. Ein bißchen rote Pfefferschote dazu, Pfeffer und Salz, und dann den garen Reis. Nun wird alles miteinander vermischt und mit einem ganzen Ei verbunden.

Formen Sie aus der Masse kleine Kugeln, groß wie Golfbälle, und lassen Sie in heißem Öl fritieren, bis sie goldbraun sind. Probieren Sie es erst mit einem Ball. Wenn der Ball zu trocken ist, mischen Sie noch ein verrührtes Ei unter die Masse. Wenn er zu matschig ist, geben Sie einen Löffel Maizena dazu. Sie können den Ball auch zusätzlich in Mehl wälzen. Lassen Sie die Bällchen auf Küchenpapier abtropfen und servieren Sie sie noch warm zum Wein.

Versuchen Sie auch eine **frutti di mare**-Version ohne Schinken, aber mit **Fisch** oder **Shrimps**, oder Sie nehmen den Rest von Ihrer üblichen Schlampenpfanne à la casa und kochen noch eine Portion Reis dazu und würzen nach.

SCHNELLE SUPPEN FÜR PLÖTZLICHE GELÜSTE

Gelegentlich entstehen in einer Runde plötzlich *bad vibrations*, irgendein Zank beginnt, oder jemand wartet mit schlechter Laune auf. In einem solchen Fall ist es manchmal besser, nicht automatisch die nächste Flasche zu öffnen. Richten Sie als Gastgeber die Jammerlappen und Giftzwetschen wieder auf, indem Sie eine wogenglättende kleine Suppe servieren, mit links aus der fast leeren Vorratskammer hervorgezaubert.

LINSENSUPPE, EIN BISSCHEN TÜRKISCH

Wenig Aufwand erfordert diese türkische Linsensuppe, eine besondere Köstlichkeit, die mit der deutschen, deftigen Art nichts gemein hat, außer daß sie ebenfalls himmlisch schmeckt

SIE BRAUCHEN:

250 g rote oder gelbe Linsen, 1 Möhre, 2 Zwiebeln, 1 Liter Brühe (Würfel oder Glas), Zitronensaft, Pfefferminzlikör

Die Zwiebeln und die Möhre kleinwürfeln und in Butter leise anbraten. Die Linsen und die Brühe hinzugießen und kochen, bis die Linsen weich sind. Das dauert etwa fünfzehn Minuten. Nun kommt ein Schubs Pfefferminzlikör und der Saft einer halben Zitrone hinein.

Wenn Sie die Suppe ganz elegant machen wollen, bestäuben Sie Zwiebel und Karotte beim Anbraten leicht mit Mehl und rühren dabei sorgfältig herum. Nun gießen Sie nach und nach die Brühe und die Linsen dazu und rühren weiter. Wenn die Linsen ganz weich zerfallen sind, pürieren Sie die Suppe mit dem Schneidstab, gießen Pfefferminzlikör und Zitronensaft hinein. Verquirlen Sie mit einer Gabel ein Eigelb und 5 Eßlöffel voll Milch und legieren Sie damit die Suppe. Nun darf sie aber nicht mehr kochen, damit das Eigelb nicht ausflockt.

EINFACHSTE LINSENSUPPE

Wenn keine getrockneten Linsen im Haus sind, nehmen Sie eben eine Dose, möglichst ohne Suppengemüse und Würstchen. Fischen Sie sonst diese unerwünschten Einlagen heraus und verfüttern Sie sie an vorbeifliegende Tauben.

Die Herkunft dieser etwas schlabbrigen Linsen können Sie vertuschen, wenn Sie ihnen kräftig mit **Rotwein** oder **Portwein** aufhelfen und sie mit viel frisch gemahlenem Pfeffer, mit durchgepreßtem **Knoblauch** und einem Eßlöffel **saurer Sahne** würzen. Dann sind sie aber durchaus genießbar und machen einer ansonsten gewissenhaften Hausfrau keine Schande. Besonders wenn ein warmes Stück **Brot** und ein Vino dazu gereicht werden. Für den Spontanhunger um Mitternacht ist das ein Vergnügen.

KALTE GURKENSUPPE

Im Sommer haben Sie sicher Dill und Petersilie im Haus. Wenn nicht, stellen Sie sich für die nächste Woche einen Strauß in die Küche. Falls dann die Nachbarn abends auf Ihrem Balkon zusammenströmen, weil es noch so schön warm ist, servieren Sie spielend eine kalte Suppe.

SIE BRAUCHEN:

1 Salatgurke, Dill, Petersilie, Salz, Pfeffer,
1 großen Becher Joghurt

Diese Suppe ist schnell und einfach gemacht, weil sie im Mixer oder mit dem Pürierstab zubereitet wird. Ein großer Becher Joghurt, eine grobgewürfelte Salatgurke (wenn sie Bio heißt, darf die Schale dranbleiben, das ergibt eine gute grüne Farbe), ein Bund Dill, Petersilie, Salz, Pfeffer. Mehr braucht nicht hinein. Wenn alles püriert ist, ist die Gurkensuppe fertig und muß nur noch kühlen. Sie können auch eine **Knoblauchzehe** mitpürieren, mit **Tabasco** oder **Worcester-**

shire-Sauce oder mit etwas gehackter **Minze** würzen. Statt Joghurt lassen sich auch **Buttermilch** und natürlich **saure Sahne, süße Sahne, Schmand, Crème fraîche** verwenden, je nachdem, wie sehr die Suppe sättigen soll. Und mit Wasser läßt sie sich verdünnen.

VARIATION:
Kalte kleine **Krabben** verschönern die Suppe noch erheblich. Wird sie erwärmt und mit ein paar getoasteten Weißbrotscheiben belegt, können sich darauf ein paar **Garnelen** sonnen, die nebenbei in Knoblauch, Öl und Wein gedünstet wurden.

KALTE GAZPACHO

SIE BRAUCHEN:
frische Tomaten oder 1 Dose Tomaten, Zwiebeln, Pfeffer, Salz, 1 Salatgurke, 2 Knoblauchzehen, rote und gelbe Paprika, Zitronensaft, Rotweinessig, 1 Dose Tomatensaft

Von den Paprikaschoten je eine Rippe in Streifen schneiden und würfeln, damit die blaßrote fertige Suppe ein bißchen garniert werden kann. Alles übrige Gemüse kommt in den Mixer oder unter das Schneidstabmesser und wird zerkleinert. Wer die Suppe von Tomatenkernen befreien will, muß sie noch kurz durch ein Sieb laufen lassen. Danach kann sie einige Stunden im Kühlschrank ruhen. Falls der Besuch jedoch schon vor der Tür steht, muß man die Suppe mit ein paar Eisstückchen verwässern, die man auch gleich mit in den Mixer werfen kann. Das schadet nichts, wenn die Suppe gut gewürzt ist. Dazu gehört ein gewärmtes Fladenbrot oder Baguettebrot. Diese Suppe ist eine köstliche Erfrischung an warmen Tagen, sie trägt nicht auf und sie sättigt.

FULL HOUSE

Rezepte für die große Runde an einem Tisch

TRAUEN SIE SICH RUHIG

Die Frage ist nur, passen alle an einen Tisch? Können alle gemeinsam ein Menü verspeisen, oder werden es so viele sein, daß nicht alle gleichzeitig sitzen können? Es gibt mehrere Möglichkeiten, so einen Event zu gestalten, ohne sich wundzukochen. Sie können die Gäste bitten, bestimmte Gerichte vorbereitet mitzubringen, wobei Sie Vorschläge machen und notieren, was wo in Arbeit ist, damit am Schluß nicht etwa acht Eimer Mousse au chocolat herumstehen, aber keine einzige Suppe.

Sie können ein Cookout veranstalten – eine Kochorgie, bei der je mindestens fünf Personen nacheinander die Küche besetzen und jeweils für einen Gang mit allem Drum und Dran sorgen. Die Gäste planen für sich selbst und kaufen ein, sie weisen jeweils ihre Knechte ein und sind allein verantwortlich für das, was sie auftischen wollen. Alle anderen trinken sich eins und gucken zu.

Sie können ein Büffet anrichten mit einer wunderbar praktischen Mischung aus gekauften und selbstgemachten Naschereien. Dabei kommt es nur auf die richtige Auswahl an, auf einen Plan, der vernünftig, großzügig und von Zeit und Aufwand her elastisch ist.

Wenn Sie selbst ein ganzes Menü mit allen Schikanen anrichten wollen, achten Sie nur darauf, daß Sie sich nicht übernehmen, daß die Ansprüche nicht zu hoch sind, damit Sie nicht bei der Vorspeise bereits erschöpft am Tisch sitzen und nach dem ersten guten Drink unter den Tisch rutschen. Man holt sich nicht Gäste ins Haus, um ihnen etwas zu bieten, was anderswo für Geld auch zu kriegen ist.

Ein spitzenmäßig geratenes Kartoffelgratin mit einem Stückchen kurzgebratenem Fleisch, einem grünen Salat und hinterher etwas Käse oder Eis; oder ein duftender Berg Kartoffelbrei mit gekochten Eiern in grüner Kräutersauce, dazu ein kühles Bier oder Wein: das ist es, was man von Freunden erwartet. Man will als Gast schließlich nicht in die Knie gehen, sondern sich schlicht bedanken. Beeindruckt ist man höchstens davon, wie ein Gastgeber es schafft, gut gelaunt mitzufeiern und ständig anwesend zu sein.

ZUM APÉRITIF: FINGERTIPS

SIE BRAUCHEN:

1 Paket Tiefkühl-Blätterteig, frisch geraspelten Gouda oder Emmentaler oder einen anderen Hartkäse

Tauen Sie eine Schachtel Tiefkühl-Blätterteig auf und schneiden Sie die Platten in Streifen oder Rhomben oder Quadrate, Herzchen oder Buchstaben – wie Sie wollen. Legen Sie sie auf ein Backblech (ohne Fett, Blätterteig ist fett genug) und lassen Käse darüberrieseln. Die Fingertips sind ohne weiteres Zutun in 30 Minuten gar und werden zum Begrüßungsdrink präsentiert.

PIKANTE WINDBEUTEL

Es ist natürlich einfach, ein Baguettebrot in Scheiben zu schneiden und hübsch zu bedecken. Wenn Sie aber Lust auf etwas Feineres haben, sollten Sie ein paar Windbeutel herstellen. Man kann sie übrigens, wenn man nicht alle braucht, für die nächste Gelegenheit einfrieren. Aber eigentlich lohnt es sich nicht, denn der Teig ist schnell gemacht.

SIE BRAUCHEN:

1/4 Liter Wasser, 1/2 Teelöffel Salz, 150 g Mehl, 4 Eier, 100 g Butter und für die Füllung Kräuterfrischkäse, Lipton, Sardellenbutter oder Lachskaviar

Zuerst heizen Sie den Ofen auf 200° vor. Windbeutel mögen keine Zugluft und auch keine neugierige Nase in der ersten Backzeit. Sie blähen sich nicht, wenn sie Wind kriegen. Das bedeutet, daß Ihr Herd auch nicht auf Umluft geschaltet werden darf. Zunächst wird das Wasser gesalzen und aufgekocht. Dann kommt die Butter dazu und schmilzt schnell. Bei mittlerer Hitze kippen Sie nun das ganze Mehl auf einmal in das Butterwasser und rühren mit dem Kochlöffel so lange, bis sich der Teig vom

Boden löst und einen dicken Klumpen bildet. Wälzen Sie ihn noch eine Minute hin und her und legen ihn dann in eine Schüssel. Nun geben Sie ein Ei nach dem anderen dazu, aber erst, wenn das vorhergehende Ei richtig im Teig verrührt ist. Würzen Sie den Teig mit Kümmel oder Paprika oder Muskat.

Nun nehmen Sie Backpapier und legen damit ein Blech aus, oder Sie fetten und mehlen ein Blech ein. Stechen Sie mit dem Löffel walnußgroße Häufchen ab und setzen Sie sie mit Abstand auf das Blech, die Häufchen werden beim Backen mindestens doppelt so groß. Bei 200° etwa 20 Minuten einheizen. Danach sofort quer aufschneiden und offen auskühlen lassen. Schneidet man sie später auf, brechen sie leicht.

Nun kommt die Füllung auf die untere Hälfte. Den Deckel leicht wieder aufdrücken. Als Füllung eignen sich Frischkäse mit Schnittlauch, Sardellen- oder Kaviarbutter (siehe Seite 39), rosafarbener Liptonkäse oder Guacamole mit Knoblauch, Salz und Zitrone (siehe Seite 40). Was immer Sie an Herzhaftem mögen.

BLÄTTERTEIGTÄSCHCHEN UND -HÖRNCHEN

SIE BRAUCHEN:

Tiefgekühlten Blätterteig, Bratwurstfüllung und zum Würzen Majoran

VARIATIONEN:

Geflügelleberwurst, zerkleinerter Räucherfisch, Ricotta mit Zwiebeln oder Spinat; oder Würfelchen von durchwachsenem Speck mit kleingeschnittenen Frühlingszwiebeln.

Tauen Sie die Teigplatten auf und stellen Sie eine Füllung zusammen. Entweder Sie drücken eine Bratwurst aus der Pelle oder Sie würzen frisches Hackfleisch, oder Sie nehmen Gemüse oder Käse. Es bleibt auch Ihnen überlassen, ob Sie Rauten ausschneiden und diese belegen und dann backen; ob Sie Kreise ausstechen, sie in der Mitte belegen, den Rand mit Eigelb bepinseln und als Halbmond über der Füllung zusammenkleben wollen.

Niedliche Croissants entstehen, wenn Sie die Teigplatten genau vierteln, dann haben Sie vier lange Rechtecke, die Sie diagonal noch einmal teilen zu insgesamt acht langen Dreiecken pro Platte. Diese Dreiecke werden in der Mitte mit einem Streifen Füllung belegt. Nicht zuviel, sonst quillt sie am Rand heraus, wenn man den Teig nun vom breiten Ende her über der Füllung bis zum spitzen Zipfel aufrollt. Die Hörnchen werden mit Eigelb bepinselt und bei 225° im Ofen gebacken, bis sie goldbraun sind. Dies dauert zwischen 15 und 30 Minuten.

HAPPEN SCHNAPPEN: PARMESAN-BUTTER-GRAPPA-CROSTINI

SIE BRAUCHEN:

1 Becher voll geriebenem Parmesan,
ein Viertel von einem 250-Gramm-Stück Butter
und 1 Schnapsglas Grappa

Alles wird miteinander verknetet und kalt gestellt, auf gewärmtes dunkles Brot oder getoastetes Weißbrot gestrichen, in kleine Quadrate oder Dreiecke geschnitten und zum Apéritif gereicht.

VORSPEISEN – HALB FERTIG, HALB FRISCH

Wenn Sie ein Faible für die japanische Küche haben, sind Sie fein raus. Japanische Köche sind ganz große Meister der dekorativen Kunst. Einfache Pülverchen, getrocknete und salzig eingelegte Gemüse, geflockte Fische, geheimnisvolle Pasten in Tüten und Tuben, Reis – alles wird zu edlen, bezaubernden Petitessen aufgerüscht. Dabei ist die japanische Küche auch noch außerordentlich gesund, fettarm und ballaststoffreich durch die Algen, die dazugehören. Wer die japanische Ernährung und ihren speziellen, nach Algen und Fisch duftenden Geschmack mag, sollte sich bei Gelegenheit ein paar Pülverchen und Flaschengeister anschaffen, denn damit und mit einigen einheimischen Konserven kann man ordentlich Eindruck schinden. Wer es einmal ausprobiert hat, kann sogar problemlos ein paar feine Sushis herstellen.

In Japan werden die Sushis nämlich nicht immer mühsam aufgerollt und verziert, sondern der gewürzte Klebreis kommt in einer Schüssel auf den Tisch. Eingelegter, süßsaurer Ingwer, grüner Meerrettich, Gemüse, Fisch, Sojasauce und in Streifen geschnittene Algen stehen in kleinen Schälchen drumherum, und nun kann sich jeder sein Reisbällchen formen, mit Gemüse belegen und mit einem Algenstreifen zusammenhalten, bevor er es mit den Fingern oder mit Stäbchen in Meerrettich und Sojasauce tunkt und verspeist.

Man kann auch größere Algenquadrate schneiden und diese wie spitze Tüten um Reis und Gemüse wickeln. Für die bunten Röllchen, die hierzulande so beliebt sind, braucht man eine kleine Bambusmatte, Fingerfertigkeit und ein sehr scharfes Messer. Eigentlich nicht schwierig für jemanden, der es schon mal gemacht hat, auch wenn es ganz schnell gehen soll, aber diese Art der Zubereitung ist wohl weniger für die Situation geeignet, in der ein ungeübter Koch von spontanen Gästen überrumpelt wird. Probieren Sie es aber einmal mit Freunden, denn nach Einkaufen und Tischdecken ist Ihre Arbeit bereits erledigt, und die Tafelrunde hat etwas zu tun und zu lachen.

FIXER JAPANISCHER SNACK

(FÜR SCHLAMPIGE KÖCHE IN GROSSSTÄDTEN)

Grünen Meerrettich, eingelegten Ingwer und Sojasauce bekommen Sie in Großstädten in asiatischen Geschäften oder sogar im Supermarkt. Und wenn Sie schon dort sind, bringen Sie gleich Reisnudeln, Seetang und Reisessig mit, ein paar Fischkonserven, möglichst im eigenen Saft, denn das brauchen Sie, wenn Sie eine japanische Geschmacksrichtung in Ihr unbekümmertes, schlampiges Kochsystem einbauen wollen.

UND FRISCH DAZU:

1 Ei, Frühlingszwiebeln oder Porree, weißen Rettich

Öffnen Sie eine Dose Thunfisch. Den Thunfisch abtropfen lassen, wenn er in Wasser eingelegt war. Wenn er in Öl lag, sollte man ihn auch noch abtupfen. Danach wird er in größere Stücke zerpflückt – mehr oder weniger so, wie er von selbst auseinanderfällt – und mit feinstgeschnittenen Röllchen oder Streifchen von Frühlingszwiebeln (aufschlitzen, flachlegen, streichholzlang durchschneiden und nun längs in dünne Streifen schneiden) überhäuft. Einen kleinen Knubbel Ingwer abbrechen, schälen und schneiden oder hacken, und nun alles vorsichtig und locker miteinander vermischen.

Vor dem Servieren mit einer Sauce, die aus Sojasauce, gewürztem Reisessig und etwas Senfpulver oder Meerrettichpulver gemischt ist, zart übergießen.

THUNFISCHFRIKADELLEN

SIE BRAUCHEN:

2 Dosen Thunfisch für 8 Frikadellen, dazu frischen Ingwer, 1 Teelöffel Sojasauce, 1 Eßlöffel Mehl und Frühlingszwiebeln oder Schnittlauch, 1 Ei

Einen Blattsalat mit Essig, Öl, Zucker, Salz und Pfeffer marinieren. Den Thunfisch abtropfen lassen und abtupfen, mit frisch geriebenem Ingwer, dem verquirlten Ei, Mehl, Sojasauce, Frühlingszwiebelröllchen mischen. Kleine flache Bällchen formen und in heißem Butterfett kurz von beiden Seiten knusprig braten. Auf Küchenkrepp abfetten lassen und dann mit dem Salat auf Teller verteilen.

FRISCHE FISCHFRIKADELLEN

Natürlich schmecken die Fischfrikadellen auch, wenn sie aus frischem Fisch gemacht werden. Schneiden Sie ein Lachsfilet oder ein Rotbarschfilet in dünne Streifen und dann in klitzekleine Würfel. Würzen Sie die Masse mit Zwiebeln, viel Petersilie und Dill, formen Sie Bällchen daraus und bestäuben Sie sie mit Mehl, damit sie besser zusammenhalten beim Braten.

SASHIMI – ROHER FISCH

ALS FEINE VORSPEISE

SIE BRAUCHEN:

ganz frisches Lachsfilet oder frisches Thunfischfilet, Filet von Buntbarsch, Makrele oder Dorade, Zander oder auch Scholle, japanischen eingelegten Ingwer, grünes Meerrettichpulver oder fertige Paste, Sojasauce

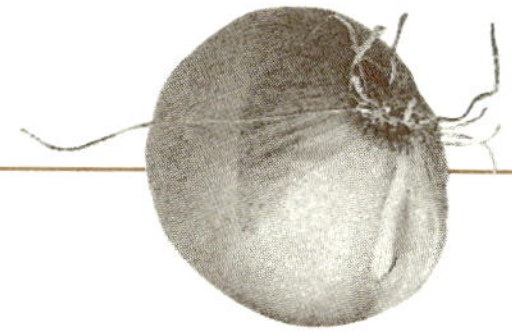

Frischer Fisch ist zumindest für Küstenschlampen leicht zu beschaffen. Dünne, schräg nach unten geschnittene Scheiben vom Fisch hübsch auf dem Teller verteilen, auf gekochten Reisnudeln, die mit Reisessig gewürzt wurden, oder auf feingeschnittenem Eisbergsalat; zusammen mit einem Klecks grünem Meerrettich (das Pulver wird einfach mit wenig Wasser angerührt) und einem Häufchen scharfsüßsauer eingelegten Ingwerscheiben. Neben den Teller kommt ein Schälchen mit Sojasauce. Der rohe Fisch wird mit dem Finger mit Meerrettich bestrichen, mit Stäbchen oder Gabel in Sojasauce getaucht und gleich verspeist.

FISCH-CARPACCIO

Carpaccio ist eigentlich hauchdünn geschnittenes, rohes Rindfleisch, das mit Olivenöl beträufelt und mit dünnen Parmesanblättern belegt wird, aber inzwischen wird das Wort in vielen Restaurants als Begriff für alles dünn und roh Gehobelte verwendet, sogar für Rettich.

SIE BRAUCHEN:
Lachs- oder Thunfischfilet, Olivenöl, Zitrone, Dill

Frieren Sie die Fischfilets eine Stunde ein, dann sind sie hart genug, um sich willig in hauchdünne Scheiben schneiden zu lassen. Wer ein scharfes, großes Messer hat, braucht dazu keine Schneidemaschine. Nun werden die Scheiben auf den Tellern angerichtet und mit einer Marinade aus Zitrone, Öl und gehacktem Dill beträufelt.

CRUDITÉS MIT SENFVINAIGRETTE

Crudités sind winterliche Gemüse, die in Frankreich häufig als Vorspeise auf der Karte stehen. Dicker Knollensellerie, rote Bete und Porree werden gekocht und erkaltet mit einer Sauce vinaigrette serviert. Das ist alles. Es ist billig, sehr gesund und schmeckt als kleiner vegetarischer Imbiß mit einem Stück Baguette köstlich.

SIE BRAUCHEN:
Knollensellerie, rote Bete, Porree, Öl, Essig, Senf, Salz, Pfeffer, Zucker

Der Porree wird kurz oberhalb des weißen Teils abgeschnitten; die faserigen grünen Teile sind für dieses Gericht nicht ideal. Die Porreestange in halbfingerlange Stücke schneiden.

Die dicke Sellerieknolle wird mit einem starken Messer halbiert, dann flachgelegt und in fingerdicke halbe Scheiben geschnitten. Diese Scheiben kann man nun bequem einzeln an den Rändern entholzen und dann noch einmal vierteln. Porree und Sellerie kochen gemeinsam, die rote Bete braucht einen Extratopf, weil sie so stark färbt. (Wenn die Haut verletzt ist, was man aber vermeiden sollte. Deshalb bleibt auch der Stielansatz beim Kochen dran.)

Fertige rote Bete häuten, in 1 Zentimeter dicke Scheiben schneiden und mit Porree und Sellerie auf einer Platte anrichten. Die Vinaigrette wird über das warme oder kalte Gemüse gegossen.

SAUCE VINAIGRETTE

Verschiedene Öle ergeben verschiedene Geschmäcker. Bei Rohkost oder Crudités, an Bohnensalaten und zarten Blattsalaten schmecken Haselnußöl oder Walnußöl besonders gut. Interessant sind verschiedene Essige, wie Balsamessig und Weinessig gemischt mit Zitrone.

Die klassische Vinaigrette enthält Kerbel, Estragon, Petersilie, Schnittlauch und kleine Kapern, aber auch gekochte, gehackte Eier und Gürkchen. Auf jeden Fall gehören Essig und Öl hinein, und Senf als deutlicher Geschmack. Auch eine Spitze Zucker kann nicht schaden.

Sauce vinaigrette paßt in verschiedenen individuellen Ausführungen zu allen Arten von gekochten und kalten Gemüsen und Salaten, und auch über kaltes Fleisch.

ÜBERRASCHEND ROTER ROTE-BETE-SALAT

SIE BRAUCHEN:

gekochte rote Bete, 1 kleine Knolle pro Nase, Knoblauch, 1 Becher Joghurt, Sesampaste (Tahin aus dem Naturkostladen) oder Erdnußbutter und frischen schwarzen Pfeffer

Rote Bete aus dem Glas reichen mit ihrer manchmal ein wenig ordinären Würze nicht an das gekochte Originalgemüse heran, deshalb sollten Sie für eine feine Vorspeise die frische Zubereitung probieren. Rote Bete halten sich frisch sehr lange im Kühlschrank, und auch gekocht kann man sie einige Tage lang aufheben oder auf ewig einfrieren. Sie sind also auf ihre Weise durchaus schlampenküchentauglich. Man kocht sie in der Schale etwa 20–30 Minuten, dann werden sie unter fließendem kaltem Wasser abgespült, und dabei kann man ihnen mit kräftigem Druck der Hände die Haut abziehen. Rote Bete färben allerdings sehr stark die Finger. Da hilft hinterher nur Zitronensaft. Oder man läßt die rote Bete auskühlen und enthäutet sie später mit dem Messer. Die Knollen schneidet man in Stücke oder Scheiben. 1 Becher Joghurt und 1 Eßlöffel Tahin, die zähe Paste, oder Erdnußbutter aus dem Supermarkt werden miteinander vermengt, bis eine glatte Creme entstanden ist, mit 1–2 durchgepreßten Knoblauchzehen verrührt und an die rote Bete gegeben. Der Geschmack dieses Salates ist erdig-süß-kühl-säuerlich-scharf-warm-erhebend. Er sättigt und wird leicht zum Lieblingsschmaus. Der Joghurt färbt sich überraschend stark pinkfarben. Steigern läßt sich der Eindruck nur noch, indem man den Salat auf grünen Blättern anrichtet.

GEMÜSEVORSPEISE IN 1001 VARIATIONEN

Jede Art frisches Gemüse wird bißfest blanchiert und warm mit Olivenöl beträufelt und mit hauchdünnen Parmesanscheiben angerichtet.

ZUM HAUPTGANG KARTOFFELN

Kartoffeln sind im Gemüsefach lange lagerfähig, man kann sehr viel mit ihnen machen, und es gibt kaum Menschen, die einen Kartoffelschmaus nicht mögen. Dazu gibt es gebratenes Fleisch oder Fisch.

KARTOFFELGRATIN

und dazu kurzgebratenes Fleisch,
Bratwurst oder gebratenes Fischfilet

Ein Kartoffelgratin ist sehr einfach herzustellen und schmeckt dermaßen gut, daß jedes Fleisch und jeder Fisch daneben zur Beilage gerät. Ein kleiner grüner Salat mit viel Schnittlauch dazu, und Sie haben sogar ein perfektes Hauptgericht für enge Freunde. Vom Kartoffelgratin bleibt nie etwas übrig.

SIE BRAUCHEN:
festkochende Kartoffeln,
Schlagsahne oder Milch und Ei,
Knoblauch, Salz, Pfeffer, Muskat

EVENTUELL:
Käse, Pilze, Zwiebeln

Am besten kauft man große Kartoffeln, dann hat man weniger zu schälen. Schneiden Sie die Kartoffeln in sehr dünne Scheiben und verteilen Sie sie in einer Auflaufform. In einem Topf Schlagsahne erwärmen und kräftig mit Salz und Pfeffer, Muskat und gepreßtem Knoblauch abschmecken. Die Flüssigkeit über die Kartoffeln gießen, so daß sie knapp bedeckt sind. Ab in den Ofen damit und 40 Minuten bei 175° backen, bis sich eine braune Kruste gebildet hat und die ganze Flüssigkeit aufgesogen ist. So schmecken sie am besten.
Wenn Sie eine Reibe haben, mit der man sehr dünne Scheiben schneiden kann, brauchen die Kartoffeln nicht vorgegart zu werden, sonst läßt man sie besser ein paar Minuten in der gewürzten Sahne kochen. Wenn Sie nicht genug Sahne haben, nehmen Sie Milch dazu, in der Sie ein Ei verquirlt haben, oder sie nehmen eine klei-

nere Auflaufform. Oder eine Pfanne mit hohem Rand (vorausgesetzt, der Griff kann 175° im Ofen aushalten). Wenn Sie keine Auflauf- oder Gratinierform haben oder eine größere Menge Gratin brauchen, geht es auch auf dem Ofenblech mit dem hohen Rand.
Die Kartoffeln müssen in der Sahne «schwimmen», egal in welchem Gefäß. Nur Töpfe eignen sich nicht, weil man beim Herausnehmen bestimmt die ganze goldige Überbackpracht zerstören müßte. Manche mögen **Käse** obenauf und keinen Knoblauch drin, manche lieben **Kümmel** und dünngewürfelten **Speck** und **Zwiebeln**, andere legen getrocknete, vorher eingeweichte oder gar frische **Steinpilze** zwischen die Kartoffeln oder **Champignons** — das ist alles Geschmacksache und spielt kochtechnisch kaum eine Rolle. Nur der Speck muß vorher in der Pfanne geröstet werden, und die Zwiebeln brät man an, bevor sie zwischen die Kartoffeln geschichtet werden.

KRÄUTERKARTOFFELN

Am schönsten sind sie, wenn sie neu, klein und festkochend sind. Dann werden sie unter fließendem Wasser sauber gebürstet und mit der Schale etwa 10 Minuten lang gekocht. Wenn sie gar sind, abgießen und auskühlen lassen. In einer Pfanne wird das Olivenöl erhitzt und die Kartoffeln werden zusammen mit abgestreiften Nadeln von frischem Rosmarin ganz leicht gebräunt. Salz, Pfeffer darüber, und schon sind sie fertig.

VARIATIONEN:
Wenn Sie die garen Kartoffeln sanft in **Butter** schwenken, vertragen sie ein zarteres Kraut wie frische gehackte **Pfefferminze, Liebstöckel** oder **Petersilie.**
Wunderbar sind kleine neue Kartoffeln, gekocht, mit Pelle, in **Olivenöl, Knoblauch** und **Kümmel** von allen Seiten kurz in der Pfanne angebraten.

Zu all diesen Bratkartoffeln muß nicht immer nur Fleisch oder Fisch serviert werden. Stellen Sie auch einen Topf Quark mit vielen frischen Kräutern auf den Tisch. Gerade Frauen, die auch nach dem Essen noch Größe 38 tragen wollen, essen gern einen Kräuterquark, der mit **Salz, Pfeffer** und frischem **Schnittlauch, Dill, Minze, Kresse, Petersilie, Liebstöckel, Frühlingszwiebeln, Knoblauch** — was immer Sie auftreiben können, einzeln oder alles zusammen – und etwas **Zitrone** gewürzt wird. Auch **Zaziki** aus **Quark**, gepreßtem **Knoblauch** und geraffelter **Salatgurke** paßt gut dazu.

PATATE LESSE

Gekochte Kartoffeln, die ja auch als gewöhnliche Pellmänner gut schmecken und sogar als schlichte Salzkartoffeln entzücken, vertragen sich außerordentlich gut mit Knoblauch. Deshalb ist diese italienische Variante ideal. Sie kann kalt oder warm, mit gut gewürzten Hackfleischbällchen, mit gebratenem Fischfilet oder mit einem Steak serviert werden.

SIE BRAUCHEN:
Kartoffeln, Olivenöl, Knoblauch, viel Petersilie, Salz, Pfeffer

Kartoffeln kochen, abpellen, grob in Stücke schneiden. Nun reichlich Knoblauch und viel Petersilie hacken. Pro Pfund Kartoffeln mindestens 1 Knoblauchzehe und ½ Bund Petersilie, 3 Eßlöffel feines Olivenöl. Alles über die Kartoffeln geben, Salz und Pfeffer nicht vergessen und gut umrühren. Diese Kartoffeln schmecken sofort und warm mit einem kalten Wein, mit Lammkoteletts oder anderem Fleisch. Sie können aber auch vorbereitet und später kalt aufgetragen werden.

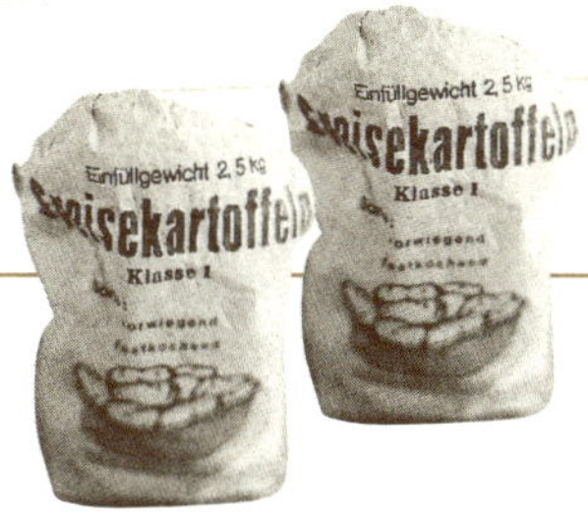

GNOCCHI ZUM SCHLINGEN

Gnocchi sind die kleinen Knubbel, die, wenn man sie einmal im Mund hat, fest am Gaumen haften und den Weg zum Schlund versperren. Aber das passiert nur mit den fertig gekauften. Wer sie einmal selbst gemacht hat, lernt ein völlig neues Eßverhalten an sich kennen – kein verstocktes Stöbern mehr, sondern seliges Schlingen. Selbstgemachte Gnocchi sind eine sehr freundliche Aufmerksamkeit Gästen gegenüber. Ein bißchen Arbeit machen sie zwar, aber die können Sie bereits am Morgen erledigen. Dafür geht dann abends alles ruckzuck, wenn sich die Tischrunde versammelt.

SIE BRAUCHEN (FÜR 6 PERSONEN):
1 kg große, gelbe, mehlig kochende Kartoffeln,
1 Tasse voll frisch geriebenem Parmesan,
2–3 Eier, 1 Eßlöffel Mondamin, 1–3 Handvoll Mehl

Die Kartoffeln werden erst geschält und dann gekocht. Dann setzt man nebenbei noch einen Topf Wasser zum Kochen auf und stellt einen weiteren mit kaltem Wasser daneben. Die Kartoffeln werden durch eine Kartoffelpresse getrieben oder mit dem gelöcherten Stampfer bearbeitet, bis sich keine festen Brocken mehr darin befinden. Schnell kommen Mondamin, Parmesan, Eier und Mehl dazu, und diese Masse kneten Sie fix durch; es ist sehr wichtig, daß der Teig schön heiß bleibt, denn so behält er die Bindung. Wenn er kälter wird, muß noch mehr Mehl dazu, und es soll doch lieber weniger sein, der Klebkraft am Gaumen wegen. Decken Sie den Teig gut zu, nachdem Sie einen Kloß getrennt haben. Bestäuben Sie die Arbeitsunterlage mit Mondamin und rollen Sie aus dem Kloß ganz schnell eine lange daumendicke Rolle. Nun nehmen Sie ein Messer, tauchen es kurz in die Mondaminschachtel und schneiden zack-zack lauter 2 cm breite Stücke von der Rolle. Diese werden flugs in den Topf mit kochendem Wasser geworfen, wo sie erst untergehen, dann kocht das

Wasser wieder, die Gnocchi tauchen auf, das Wasser wird still, die Gnocchi drehen sich, und das Wasser beginnt erneut zu sprudeln. Fertig sind die Gnocchi. Sie werden mit einer Schaumkelle herausgefischt und in den Topf mit kaltem Wasser geworfen. Nun klauben Sie die nächste Portion Teig unter dem Tuch hervor.
Wenn alle Gnocchi fertig sind, holt man sie aus dem kalten Wasser und bewahrt sie in einer flachen Schüssel auf – gut ausgebreitet, mit ein wenig Öl beträufelt und durcheinandergewirbelt, damit sie nicht aneinanderbacken – und deckt sie mit Folie ab, bis man sie braucht. Wenn Sie diese Arbeit im voraus tun, sehen Sie, ob Sie mit Ihren Gnocchi richtig angeben können oder ob Sie für die Gäste doch lieber eine Packung Nudeln aufreißen wollen. Vor dem Servieren werden die Gnocchi in heißes Wasser geworfen, wo sie ziehen, bis sie wieder heiß sind, oder man brutzelt sie ein Weilchen in einem heißen Butterpfännchen.

VARIATION:
Sie können Petersilie oder frischen Thymian, fein gehackt, oder etwas ausgedrückten, gekochten und gehackten Spinat unter den Kartoffelteig mischen. Dazu gibt es an den grünen Gnocchi ein rotes Tomatenragout.

TOMATENRAGOUT

SIE BRAUCHEN:
frische Tomaten oder Pizzatomaten aus der Dose, Salz und Pfeffer, Öl, Lorbeerblatt, Zucker, eine Gemüsezwiebel, frischen Knoblauch

Zwiebel und Knoblauch werden fein gehackt, während das Öl im Topf heiß wird, und dann schnell goldbraun gebraten. Nun kommen die Tomatenstückchen mit 2 Lorbeerblättern hinzu. Alles schmurgelt eine halbe Stunde, die Flüssigkeit reduziert dabei, der Geschmack wird intensiv. Mit einer Prise Zucker, Pfeffer und genügend Salz würzen.

MIT EINEM HUHN KANN MAN ALLES MACHEN

Wenn Sie im Supermarkt stehen und einmal wieder von der Fülle und Üppigkeit des Angebots gelähmt nicht die leiseste Vorstellung davon haben, was Sie kaufen und für Ihre Gäste oder die Familie zubereiten sollten, greifen Sie sich ein nacktes Huhn und einen Salatkopf. Alles weitere wird sich finden. Was man mit einem Huhn und einer Poularde machen kann, kann man natürlich auch mit einem Hähnchen machen. Ein altes, fettes Suppenhuhn eignet sich nur zum Kochen und zur Weiterverarbeitung als Frikassee, aber alle übrigen sind bratbar, nur mit unterschiedlichen Bratzeiten. Ein Bauernhahn, ein richtiger Mistkratzer, hat dunkles Fleisch, schmeckt ganz wunderbar und ist ein zähes, durchtrainiertes Vieh. Er braucht stundenlang, um weich zu werden. Planen Sie getrost 3–4 Stunden ein und halten Sie ihn, wenn er doch eher fertig sein sollte, bei 80 Grad warm, falls die Gäste noch nicht da sind.
Gar ist ein Vogel, egal ob Gans, Ente oder Hahn, wenn sich der Schenkel ganz leicht lösen läßt, wobei die Haut einreißt, oder wenn beim tiefen Einpiksen kein rosafarbener, sondern weißer Fleischsaft austritt. Man rechnet mit mindestens 20 Minuten pro Kilo. Ein Huhn schmeckt für sich allein ganz zart, nicht streng, und fügt sich deshalb leicht und willig allen Geschmacks-Launen eines virtuosen Kochs.

GEBRATENES HUHN

SIE BRAUCHEN:

eine frische Poularde für 4 Personen, Salz und Pfeffer, Speiseöl oder Butterfett zum Anbraten

Zerlegen Sie das Huhn mit einem schweren Messer in vier bis acht Stücke, oder lassen Sie es sich zerlegen und gucken Sie zu – für das nächste Mal. Die Hühnerteile abspülen und abtrocknen. Alle Teile werden in heißem Öl scharf angebraten, gesalzen und gepfeffert und in einem Bräter oder einem anderen flachen Topf bei

180° etwa 1 Stunde im Ofen gebraten. Geben Sie etwas Brühe oder Wasser oder Wein zum Huhn, ein paar Gewürze, wie Rosmarin und Salbei, frisch oder getrocknet, und ganze, ungeschälte Knoblauchzehen; die sind dann mit dem Huhn zusammen gar. Nun können Sie den Fernseher einschalten, denn nach diesen wenigen Minuten der Vorbereitung haben Sie schon wieder Ruhe. Ein Stück Brot, ein kleiner Salat und ein Glas Wein dazu – das Essen ist schlicht und gut.

Falls Sie, sparsam wie Sie sind, zwei Pleitegeier aus dem Tiefkühlfach gegriffen haben, sollten Sie sie etwas raffinierter behandeln, dann können sie durchaus beglücken.

COQ AU RIESLING

SIE BRAUCHEN:

Hühnerteile oder ein ganzes Vieh, 1 ordentliches Stück mageren Speck, 1 Bund Frühlingszwiebeln, 1–2 Zwiebeln oder ein paar Schalotten, eine Handvoll Champignons; Knoblauchzehen, Weißwein, vorzugsweise Elsässer Riesling

Den Backofen auf 170° vorheizen. Öl oder Butterfett in einem Bräter bräunen. 2–3 Lorbeerblätter und ein paar Zweiglein Thymian oder abgestribbelte, getrocknete Blättchen hinterherwerfen. Die gesalzenen Keulen zuerst und dann die Bruststücke in 10 Minuten bei starker Hitze von allen Seiten goldigbraun anbraten. Während der Anbratzeit wird der Knoblauch geviertelt, die Zwiebel kleingehackt, und die Frühlingszwiebelköpfe und die Champignons werden halbiert. Alles mit in den Topf geben und kurze Zeit mitbraten. Nun den Bratansatz mit einem Glas Weißwein zischend und dampfend löschen. Noch ein Glas Wein hinein und alles 20 Minuten im Ofen mit Deckel schmoren lassen. Dazu passen warmes Baguettebrot oder Kartoffelbrei und natürlich ein Elsässer Riesling.

POLLO

SIE BRAUCHEN:

1 Huhn oder Hühnerbeine, dazu Zwiebeln, schwarze Oliven, ein paar Knoblauchzehen, ein paar frische Tomaten oder eine Dose Tomatenstücke, Lorbeer, Rosmarin, Salbei, Olivenöl, Zitrone

Nach dem Anbraten nehmen Sie die Hühnerteile aus dem Topf. Im gleichen Fett braten Sie erst die Zwiebeln goldig. Löschen Sie den Bratansatz mit Rotwein ab, geben Sie die Hühnerteile wieder dazu und schmoren Sie alles zusammen mit ein paar schwarzen Oliven (mit Stein), den Gewürzen, den ganzen, ungeschälten Knoblauchzehen, Lorbeerblatt, ein-zwei-drei Tomaten, frisch oder aus der Dose, im geschlossenen Topf gar.

Man kann den weichen Knoblauch später ganz leicht mit dem Messer aus der Haut drücken, oder man packt die Zehen am Zipfelchen und zutzelt die weiche Masse aus der Schale.

ORIENTALISCHES HUHN

SIE BRAUCHEN:

Zwiebeln, 1–2 Zehen gehackten Knoblauch, dazu 1–2 Knubbel geschälten und geriebenen Ingwer, 1 Teelöffel Zimtpulver und Öl

Nehmen Sie es mit den Mengen nicht so genau. Die Kombination schmeckt in jedem Fall gut und kann durchaus Geschmacksschwankungen vertragen. Mischen Sie die Zutaten mit etwas Öl zu einer Paste und reiben Sie damit das ganze Huhn oder die Hühnerstücke ein. Legen Sie die Stücke in einen Bräter auf eine Lage Öl und braten Sie sie bei 170° im Ofen gar. Während der Bratzeit einmal wenden und umrühren, dann brauchen Sie sich eine Weile nicht mehr darum zu kümmern.

VARIATIONEN:
Gut schmeckt auch die Kombination von vielen kleinen **Speckstückchen** und vielen **Salbeiblättchen, Salz** und **Pfeffer** und **Weißwein,** die mit dem Huhn zusammen schmoren.

Auch **Senf, Zwiebel, Zitronensaft, Knoblauch, Thymian, Salz** und **Pfeffer** ergeben eine gute Marinade für geschmortes Geflügel. Und wenn Sie die Hühnerteile nur in Butterfett braten, reiben Sie sie einfach mal mit **Curry** ein und ganz am Schluß mit **Honig.** Werfen Sie Backpflaumen mit in den Topf, und würzen Sie das Huhn mit Zimt und Muskat.

GESCHMORTER ORANGEN-ZIMT-HAHN

SIE BRAUCHEN:
1 Hahn, 1 Zimtstange, ein paar Orangen, 1 Glas Weißwein, 1 Glas Orangensaft

Den Hahn oder die Hähnchenstücke werden in Butterfett im Schmortopf von allen Seiten scharf angebraten. Dann Orangensaft, etwas Weißwein, Salz und Pfeffer und eine Stange Zimt oder Zimtpulver zum Fleisch geben und ohne Deckel im Ofen schmoren, bis das Fleisch weich und gar ist. Dann nehmen Sie das Fleisch heraus und lassen die Flüssigkeit etwas einkochen. Wer will, kann die Sauce mit etwas pflanzlichem Saucenbinder andicken oder mit einem Klümpchen Mehlbutter, das sich von selbst in der köchelnden Sauce auflösen soll. Nun kommen noch Orangenfilets in die Sauce und ein paar Streifen Orangenschale hinzu (vorausgesetzt, sie ist ungespritzt), dann wird die Sauce über das Fleisch gegossen. Dazu passen Reis und gedünstetes Gemüse.

VARIATIONEN:
Versuchen Sie es auch einmal mit **Zimt** und **Pflaumen** aus dem Glas oder mit **Sauerkirschen** und einem **Schuß Madeira.**
Man kann den Bratfond auch mit **Calvados** ablöschen und mit **Geflügelfond** aufgießen, weiterköcheln lassen und zum Schluß dünne **Apfelscheiben** und etwas **Schlagsahne** in die Sauce rühren.
Oder Sie braten erst das Fleisch an, nehmen es heraus, braten dann **Zwiebelscheiben** goldig und geben eine Dose **Sauerkraut** dazu. Die braunen Fleischstücke auf das Kraut legen, mit etwas **Weißwein** begießen und im Ofen weiterschmoren lassen.

HÄHNCHEN MIT ORANGEN-ZWIEBELN

SIE BRAUCHEN:
2 Hähnchenbrustfilets pro Person,
Frühstücksspeck, Zwiebeln, Orangen eventuell
Orangenmarmelade oder Orangenlikör

Hacken Sie ein paar Zwiebeln in sehr große Stücke und braten Sie sie in Butter an. Bevor die Butter verbrennt, und die Zwiebeln braun werden, gießen Sie einen Schuß Wasser dazu. Nun filetieren Sie ein bis zwei oder mehr Orangen (siehe Seite 124), halbieren die Filets und geben sie samt dem dabei ausgetropften Orangensaft zu den Zwiebeln. Wenn die Zwiebeln weichgekocht sind, wird das Gemüse mit einer Spitze Senf und etwas Orangenmarmelade gewürzt. Oder mit einem Schuß Orangenlikör.
Pfeffern Sie die Hähnchenfilets und umwickeln Sie sie mit dem dünnen Frühstücksspeck. In heißem Fett werden sie nun auf jeder Seite etwa 5 Minuten gebraten und dann mit dem Orangen-Zwiebelgemüse angerichtet. Das ist ein feines Gericht mit nur wenigen Zutaten.

SCHMORTÖPFE, DIE MAN VERGESSEN KANN

Rouladen machen Arbeit, aber wenn sie getan ist, hat man lange Ruhe, denn während des Garens braucht man sich gar nicht mehr um sie zu kümmern. Sie können viele Stunden lang unbeachtet im Römertopf im Ofen vor sich hin schmoren; im geschlossenen Schmortopf auf dem Herd muß man lediglich die Hitze herunterschalten, damit sie nicht vertrocknen und verbrennen. Sie können mehrmals aufgewärmt und wieder kalt gestellt werden. Oder für ein anderes Mal in der Tiefe der Gefriertruhe verschwinden.

Und sie entzücken die Gäste, weil jeder ahnt, daß viel Arbeit damit verbunden war. Außerdem sind Rouladen willig und wickeln alles ein, was würzig und scharf schmeckt.

NORDDEUTSCHE ROULADEN

SIE BRAUCHEN:

pro Person 1 Scheibe Rouladenfleisch, pro Roulade 1 kleine Gewürzgurke, 1 Scheibe Räucherspeck und Senf, ein paar Zwiebelringe, Pfeffer und Salz; Suppengrün, Lorbeer, Rotwein

Das Fleischscheiben werden auf dem Tisch ausgebreitet, gesalzen, gepfeffert, mit Senf bestrichen und mit dem Speckstreifen belegt. Ein Stück Gurke und ein paar Zwiebelringe auf dem Speck verteilen und die Roulade in der Länge fest aufrollen. Mit Zahnstochern feststechen oder mit weißem Zwirn umwickeln. Nun werden die Rouladen in heißem Butterfett ganz stark von allen Seiten angebraten, bis sie allerseits braun sind. Ein Bund Suppengrün, klein gewürfelt, gesellt sich dazu, auch ein Lorbeerblatt, ein Becher Wasser oder Brühe und ein kleines Glas Rotwein. Nun können die Rouladen bei kleiner Hitze eineinhalb Stunden in geschlossenem Topf schmurgeln. Etwas länger schadet ihnen nichts, sie nehmen es nicht krumm. Wenn sie fertig sind, werden sie entfädelt oder entpikst.

Die Sauce hat sich von selbst ergeben. Sie kann bleiben, wie sie ist, oder sie wird mit dem Mixstab püriert. Vielleicht etwas nachwürzen oder mit einem Löffel saurer Sahne abschmecken.

VARIATIONEN AUS DEM VORRAT:
Weiter im Süden Deutschlands fügt man der Füllung noch einen Streifen **Pumpernickel** und eine **Sardelle** hinzu. Bestreichen und belegen Sie die Rouladen auch einmal mit **Philadelphiakäse, grünen Pfefferkörnern** und mit **Mandarinen** aus dem Glas.
Oder sie werden mit gebröckeltem **Schafskäse** und mit getrockneten, eingelegten **italienischen Tomaten** oder **Oliven** oder beidem belegt und mit gehacktem **Knoblauch** bestreut. Ein bißchen **Pfefferschotenschärfe** dazu und **Oregano.**

GANZ BEQUEM: SCHMORTOPF UND STRACOTTO

Das klingt nach langer Arbeit, ist aber tatsächlich die bequemste Art, einer großen Tafelrunde die gierigen Mäuler zu stopfen, weil der Topf, einmal gefüllt und im Ofen verstaut, stundenlang sich selbst überlassen bleibt. Das Essen wird ganz allein fertig, und man hat viel Zeit, sich zum Beispiel um die Frisur zu kümmern.

SIE BRAUCHEN:
1,5 Kilo Schmorfleisch vom Rind (Schwanzstück oder ein Stück Schulter), Rotwein, Cognac, 1 Karotte, Tomatenmark, 1 Zwiebel, 1 Stange Staudensellerie, Rosmarin, Thymian, Lorbeer, Salz, Pfeffer

Das Fleisch in große Stücke schneiden, Zwiebel und Karotte in kleine, und alles zusammen mit den Kräutern und Gewürzen mit einer Flasche Rotwein begießen und über Nacht zur Ruhe legen. Am nächsten Morgen das Fleisch aus der Marinade nehmen, gut abtrocknen, damit es in der Pfanne nicht spritzt, und bei starker Hitze in einem Schmortopf in wenig Öl oder Schmalz von allen Seiten scharf anbraten, dann salzen und pfeffern. In dem Bratfett nun auch die kleingeschnittene Zwiebel und Karotte, Sellerie, Knoblauch und Kräuter anbraten. Dann kommt ein Döschen Tomatenmark oder eine kleine Dose geschälte Tomaten dazu. Mit der Marinade und einem Glas Cognac die Hitze im Topf löschen. Nun kann der Topf mit Deckel für 1–2 Stunden bei 180° in den Ofen oder 6–7 Stunden bei 100°. Es geht sogar auch auf dem Herd bei ganz kleiner Hitze und einem gut schließenden Topf; der Koch muß dann nur ab und zu prüfen, ob Wein oder Wasser nachgefüllt werden muß.

Ist das Fleisch zart und gar, kann man es herausnehmen und die Sauce lassen, wie sie ist, oder man nimmt das Fleisch heraus, entfernt das Lorbeerblatt, hält kurz den Mixstab in den Topf und gießt die Sauce über das Fleisch. Zu diesem Schmortopf paßt ein mit Knoblauch gewürzter Kartoffelbrei, gedünstetes Gemüse und ein schwerer Rotwein.

SCHLAMPEN-TIP:

Sie können das Fleisch und das Gemüse auch zuerst anbraten und dann im Schmortopf marinieren, den Sie am nächsten Tag, so wie er ist, einfach in den Ofen schieben. Nun werden alle Pedanten und Besserwisser aufkreischen – aber Sie können sich darauf verlassen, daß das Fleisch auch mariniert, wenn es angebraten ist.

VARIATIONEN:

Nehmen Sie zum Marinieren **Weißwein** und ein Gläschen **Cognac** und werfen noch eine Handvoll **schwarze, entsteinte Oliven**, in kleine Stücke geschnittenen **durchwachsenen Speck, gehackte Petersilie** und **Knoblauch** in den Topf, dann wird ein Provençalisches Schmorfleisch daraus.

Mit ganz wenigen, aber raffinierten Zutaten aus dem Vorrat, nämlich **Zwiebeln, 1 Flasche Rotwein, 1 Stange Zimt** und dazu **3–4 Nelken, Pfeffer, Salz** und **Muskat,** wird daraus ein **Stracotto Reggiolese**, wie er in der Gegend um Reggiolo gegessen wird. Der Schmortopf wird auf dem Herd bei kleiner Hitze den ganzen Tag lang geschmort, und wenn es der Hausfrau paßt, auch zwei, bis er auf den Tisch kommt. Dazu reichen Sie einen schönen, gelben Maisbrei (Polenta – Kochanleitung steht auf der Packung). Was man mit einem Rinderschmorfleisch macht, bekommt auch einem **Hirschgulasch** gut. Nur ein alkoholisches Aroma, zum Beispiel ein Extraschuß **Gin** mit seinem typischen Wacholdergeschmack, verleiht dem Hirschfleisch noch mehr Charakter.
Auch ein Kaninchen, ein Huhn, einen Schweinebraten kann man auf diese Weise zubereiten. Und nun probieren Sie das alles mal mit Weißwein. Traditionell nimmt man Weißwein zwar bei hellem Fleisch, aber manchmal sollten uns die Gesetze der Kochmützen nicht stören. Sie beschließen auch von einem auf den anderen Tag, daß Rotwein kalt getrunken werden darf, und sogar zum Fisch!

TIP:
Übrigens kann man auch Lammkeulen, Gänse und Enten 7–8 Stunden im Ofen braten und schmoren. Der Ofen steht auf 100°, nicht mehr, denn das Fleisch darf innen nicht heißer als 70–80° werden. Es kann einen schon beunruhigen, wenn der Braten stundenlang nur bleich vor sich hin schwitzt, aber abends wird er dann doch braun und appetitlich, und das Fleisch fällt zart und saftig von den Knochen, wenn man mit der Faust auf den Tisch haut.

GANZ SCHNELLES FLEISCH

Steaks lassen sich besonders schnell und leicht zubereiten. Falls nun aber ein Überraschungsgast kommt oder eine größere Runde versorgt werden muß, kann man das vorhandene Fleisch auf delikate Weise strecken. Aus Putenbrust und Hähnchenfleisch, aus Kalbs- und Schweinesteak wird ein Geschnetzeltes.

GESCHNETZELTES NACH ZÜRCHER ART

SIE BRAUCHEN:

Fleisch von Kalb, Schwein oder Putenbrust, Zwiebel, Weißwein, Sahne, 1 Teelöffel Mehl

Das Fleisch wird in gleichmäßige fingerdicke Streifen geschnitten und in Butter schnell braun gebraten. Dann das Fleisch aus der Pfanne zupfen und beiseite stellen. Eine Handvoll gehackte Zwiebeln in der Pfanne glasig braten, ein Schnapsglas voll Wein hineingießen und einen Schwupp Sahne (oder auch mehr). Lassen Sie die Sauce ein paar Minuten lang köcheln und etwas einkochen. Wer sie dicker mag, streut etwas pflanzlichen Saucenbinder ein oder legt ein Klümpchen Mehlbutter in die Sauce. Das Fleisch, gesalzen und gepfeffert, kommt erst wieder in die Pfanne, wenn die Sauce die gewünschte Konsistenz hat.

VARIATIONEN:

Nehmen Sie noch ein paar fein geblätterte **Champignonköpfe** oder weichen Sie ein paar getrocknete **Steinpilze** ein. Notfalls dürfen es auch eine Konserve mit Pilzen und noch mehr **Zwiebeln** sein. Das ergibt einen kräftigen Geschmack, und Sie erhalten auf diese Weise leicht ein Gericht für doppelt so viele Gäste, wie ursprünglich vorgesehen, denn Zwiebeln sättigen.

Oder Sie braten mit dem Fleisch auch ein paar **Speckwürfel** aus und fügen **Zwiebeln, Wein, Sahne** und **Salbeiblätter** hinzu. Fertig.

Auch **Leber** können Sie so schnetzeln und braten.

BŒUF STROGANOFF

Geschnetzeltes Fleisch aus Rinderfilet oder Steak wird entweder zubereitet, wie eben beschrieben, oder in der etwas kräftigeren, säuerlichen Variante.

SIE BRAUCHEN:
Rinderfilet oder Rumpsteak, Zwiebeln, saure Sahne, Zitronensaft, Senf, Gewürzgurken

Schneiden Sie das Fleisch in gleichmäßige, daumendicke Streifen und braten Sie es nur ganz kurz, ganz scharf an. Dann nehmen Sie das Fleisch aus der Pfanne und braten in demselben Fett reichlich kleingehackte Zwiebeln. Dazu kommen etwas Zitronensaft, ein Becher saure Sahne, eine Handvoll kleingeschnittene Gewürzgurken und, wenn Sie haben, eine Handvoll in Streifen geschnittene rote Bete aus dem Glas. Am Schluß 1 Löffel Senf. Das Fleisch kommt wieder in die Pfanne und wird dort noch zwei Minuten gelassen. Dazu passen Rösti aus der Tiefkühltruhe oder Kartoffelbrei oder Salzkartoffeln. Und zu allen Schnetzelfleischvarianten passen in Butter gebräunte Spätzle (siehe Seite 14).

SALTIMBOCCA ALLA ROMANA

Wenn Sie **Saltimbocca** im italienischen Restaurant gegessen haben, wissen Sie, daß das ganze Rezeptgeheimnis in **Parmaschinken** besteht, der in eine dünne Doppelscheibe Kalbfleisch geklappt, mit **Salbeiblatt** belegt und mit Zahnstocher zugepikst, in **Butter** eine Minute rechts, eine Minute links gebraten, **gesalzen** und **gepfeffert** und mit trockenem **Weißwein** gelöscht wird. Meinen Sie nicht, daß dies auch mit Putenschnitzel geht oder mit Hähnchenbrust und mit mehr Salbei und mit Speck statt Schinken oder sogar mit Salami? Und mit **Madeira** oder **Sherry, Grand Marnier** oder **Marsala?** Es geht, nur statt «spring in den Mund» heißt die kleine Putenschnitzelroulade mit Salbei, Speck und Grand Marnier (vielleicht ein paar **Mandarinchen-** oder **Orangenstücke** mitschmoren) nun eben «gehupft wie gesprungen».

FIXER FRISCHER FISCH

Den «Dialog der Meeresfrüchte an ihrer Estragonmousseline» überhört der Schlampenkoch glatt und entscheidet autoritär, daß sein mit Zitrone bespritztes Fischli in der Pfanne ein Selbstgespräch führen wird.
Zur Beruhigung legt er ihm beim Anrichten ein Stückchen Kräuterbutter auf die hitzige Haut.
Hierzu wird weiche Butter mit allen möglichen frischen, gehackten Kräutern und einem Löffel Lachskaviar verrührt. Dann wickelt man sie, so gut es geht, in Alufolie zu einer Rolle und dreht die Enden der Rolle in entgegengesetzter Richtung fest. Nun stimmt die Form. Im Kühlschrank wird sie fest. Wenn vom kalten Fisch etwas übrigbleibt, schmeckt der Rest auch am nächsten Tag noch, allerdings nur, wenn man den etwas faden Geschmack aufpeppt. Zum Beispiel mit einer Aioli (siehe Seite 119) oder einem Chutney (siehe Seite 115). Natürlich haben Sie auch die Möglichkeit, von vornherein auf kalten Fisch zu setzen.

FISCHFILET, IRGENDWIE EXOTISCH

SIE BRAUCHEN:

1 gelbe, 1 rote Paprikaschote, 1 Knubbel Ingwer (auch eingelegten, aber ohne den Sirup, sonst wird alles süß), Sojasauce, 1 Zwiebel, dazu Balsamessig oder Zitrone und 1 Stück Fischfilet pro Esser

Fein sind Fischfilets vom Lachs, Thunfisch, Zander oder Kabeljau; auch Lengfisch, Rotbarsch und Seelachs oder Seezunge schmecken. Filets salzen, mit Zitrone bespritzen, beiseite stellen. Die Paprikaschoten werden halbiert, entkernt, gestreift und in kleine Würfelchen geschnitten. Ingwer und Zwiebel ebenfalls. Gemüsewürfel in Pflanzenöl anbraten, aber nur ganz kurz, sie sollen nicht weich garen; dann kommen die

Ingwerscheibchen und der Essig oder Zitronensaft dazu. Mit Sojasauce würzen, mit einem Schuß Sherry oder Weißwein veredeln. Das kann man alles vorbereiten und für später bereitstellen. Da die Sauce aus Gemüse besteht, kann man sich einen Salat sparen. Wenn die Gäste kommen, braucht der Fisch nur noch – rechte Backe, linke Backe – in der Pfanne in Butter gebraten zu werden. Es ist nicht nötig, ihn mit Mehl zu pudern, damit er bräunt und nicht klebt. Wenden Sie ihn, wenn er sich leicht vom Pfannenboden löst. Behalten Sie die Nerven und stochern Sie nicht in der Pfanne herum. Eventuell etwas nachsalzen. Wenn er fertig ist, kommt er auf den Teller. Während der Fisch gart, wird die Sauce aufgewärmt, und schon kann alles auf den Tisch gezaubert werden, das Gespräch wurde kaum unterbrochen. So kann man jedes Fischfilet zubereiten.

SOLE MEUNIÈRE

Seezunge, in Butter gebraten, ist ein Klassiker. In der klassischen Version werden dazu gekochte Salzkartoffeln und ein Salat serviert. Lassen Sie sich die Filets schon vorbereiten. Salzen, Zitronensaft darüber und liegenlassen, bis alle anderen Vorbereitungen abgeschlossen sind. Kochen Sie Salzkartoffeln und stellen Sie sie mit Butter beträufelt warm. Schmelzen Sie ein großes Stück Butter im Töpfchen und stellen es dazu. Sie können auch ein paar Kapern in die Butter streuen oder ein paar Zitronenstückchen ohne Haut. Diese Butter kommt hinterher am Tisch über die gebratenen Seezungenfilets. Die Filets werden in heißer Butter schnell von beiden Seiten gebraten und sofort serviert. Pudern Sie nicht mit Mehl, sondern warten Sie ab, bis sich der Fisch leicht wenden läßt.

GEMACHTES GEMÜSEBETT

Genauso schnell geht es, wenn Sie den gebratenen Fisch auf ein Gemüsebett legen, das Sie schon vorher vorbereitet haben. Fenchel paßt zum Beispiel sehr gut zu allen Fischsorten.

SIE BRAUCHEN:
Fischfilet (Zander, Kabeljau oder Rotbarsch), Fenchel, Kapern, Sahne, wenn Sie mögen, Weißwein

Sie schneiden den Fenchel der Länge nach in Scheiben und werfen diese für ein paar Minuten in gesalzenes, kochendes Wasser, holen sie wieder heraus und stellen sie mit den Kapern beiseite.

Wenn die Zeit gekommen ist, wird der Fenchel gleichzeitig mit dem Fisch, aber in einer anderen Pfanne, schnell in viel Butter gebraten. Einen Schuß Weißwein, einen Schuß Sahne dazu, vielleicht auch einen Spritzer Pernod, ein bißchen einkochen lassen, und das Fenchelbett kann auf den Tellern angerichtet werden. Das Fischfilet obenauf balancieren.

BOHNEN UND FISCH

Selbstgekochte oder weiche, konservierte Bohnen abgießen und mit Tomatenstücken (es können auch ein paar eingelegte italienische Trockentomaten dazu), Salbeiblättern und Rosmarinnadeln, ein paar ganz klein gewürfelten Kartoffeln, die man für ein paar Minuten in kochendes Wasser geworfen hat, etwas Weißwein und Olivenöl vermengen. Diese Mischung, gut gepfeffert und gesalzen, in eine Backform füllen. Darauf das Fischfilet betten. Da das Gemüsebett ja schon fertig ist, dauert die Zubereitung nicht viel mehr als 20 Minuten, wenn der Ofen vorgeheizt wird. Während des Begrüßungsdrinks wird der Fisch gar.

BEILAGEN FÜR EINEN GEBRATENEN SCHLICHTFISCH

Zum Fisch paßt auch gut **Spinat,** tiefgekühlt oder frisch. In einem Topf **Zwiebel** in **Butter** braten, dann den Spinat dazutun, Deckel drauf. Nach ein paar Minuten ist der Spinat zusammengefallen. Nun wird er nur noch mit **Pfef-**

fer, Salz und **Muskat** gewürzt und in eine Form gefüllt. Daran oder darauf kommen die Fischfilets, dann schiebt man die Form in den Ofen.

BEILAGEN:
Auch warmer Linsensalat aus gekochten **kleinen Linsen**, lauwarm mit **Essig** und **Öl, Pfeffer** und **Salz, Tomatenstückchen** und **Frühlingszwiebelröllchen,** paßt zu gebratenem Fisch.
Oder Karottengemüse. Die **Karotten** werden in Scheiben geschnitten, in **Butter** mit etwas **Wein** gedünstet, mit **Basilikum** gewürzt und am Schluß mit etwas **Sahne** verfeinert.
Nicht zuletzt sei Kartoffelsalat genannt – aus **Pellkartoffeln,** die man in Scheiben geschnitten und noch warm mit etwas **Brühe, Essig, Öl, gehackten Zwiebeln, Kräutern, Salz** und **Pfeffer** vermischt – vielleicht auch noch mit Speckwürfeln.
Eine süß-scharfe Beilage zu Fisch sind **Curry-Früchte.** Abgetropfte **Mangostücke aus der Dose** oder frische **Nektarinen** werden in **Butter** mit **Zucker** und scharfem **Madras-Curry** geschwenkt und gedünstet.

FISCH, GEDÜNSTET ODER POCHIERT (GEKOCHT)

SIE BRAUCHEN:
Lorbeerblatt, Pfefferkörner, Salz, Wacholderbeeren

Wenn Sie Fischfilets kochen wollen, legen Sie sie für etwa eine Viertelstunde in einen kochenden Sud mit Gewürzen. Das Wasser darf dann aber nicht mehr sprudelnd kochen. Wenn viele Leute kommen, lohnt es sich vielleicht, einen ganzen Fisch aufzutischen; den sollten Sie jedoch nicht im Kochtopf kochen, weil Sie ihn nicht heil wieder herausholen können. Ein ganzer Fisch wird am besten in der Form gegart, in der er auf den Tisch kommt.

GANZER FISCH

SIE BRAUCHEN:
einen ganzen Fisch, frische Kräuter, Salz, Pfeffer, Zitrone, Wurzeln, Fenchel, Stangensellerie und Zwiebeln

Die meisten Schlampen bevorzugen Teile und fürchten sich vor ganzen Tieren, aber trauen Sie sich ruhig mal. Kaufen Sie eine ganze Lachsforelle, einen Lachs, einen Bonito, einen Zander oder einen Kabeljau, was immer Sie mit kaltem Blick in seinen Bann zieht. Das Schuppen und Ausnehmen nimmt der Fischhändler Ihnen ab. Heizen Sie den Ofen vor, salzen, pfeffern und zitronieren Sie den Fisch. Legen Sie ihn auf das Bratblech, so wie er schwimmen würde, wenn er könnte. Entlang der Rückenflosse bedecken Sie ihn mit ein paar Streifen Speck. Verteilen Sie das kleingeschnittene Gemüse um ihn herum und gießen Sie etwas Wasser oder Wein dazu. Ab und zu wird der Fisch mit dem Sud, der sich bildet, begossen. Nach 1 Stunde wird der Fisch – je nach Größe – vermutlich gar sein. Sie erkennen es daran, daß sich die Rückenflosse leicht herausziehen läßt. Den Bratsaft sollten Sie mit Crème fraîche abschmecken. Dazu gibt es Kartoffeln und gekochten Fenchel mit Butter.

GEBRATENE CALAMARES

SIE BRAUCHEN:
Calamares (ganze Schläuche oder geschnittene Ringe), Zitrone, Petersilie, Knoblauch

Probieren Sie Ihr Glück mal mit tiefgekühlten Calamares. Wenn sie ganz klein sind, trennen Sie nur die Tentakel ab und reinigen die Tuben mit einem spitzen Finger von innen unter fließendem warmem Wasser. Die Teile können ganz bleiben. Wenn sie größer sind, sollten Sie sie vom Fischhändler vorbereiten lassen und dabei den Blick nicht abwenden, damit Sie es lernen. Man muß die Augen und den inneren Glibsch herausschneiden, und zwar elegant und schnell, damit Ekel gar nicht erst aufkommt, das ist natürlich nur etwas für mutige Powerköchinnen. Die zaghafte Etepetetefrau bevorzugt saubere weiße Ringe, die nicht mehr an lebende Wesen erinnern. Wer nun die Tuben vor sich liegen hat, schneidet sie in nudeldicke Streifen oder Ringe, die Tentakel bleiben auch bei größeren Tierchen ganz, oder sie werden halbiert. Nun geben Sie kalte Butter in die Pfanne, Zitronensaft und die weißen Calamares-Streifen. Jetzt erst den Herd einschalten und alles zusammen im kalten Fett erhitzen, sonst spritzt es furchtbar, und die Calamares werden hart und zäh wie Radiergummis. Bleibt die Flamme klein, ringeln sich die Tentakel niedlich, das Fleisch bleibt zart und saftig, ein Schwung Knoblauchscheibchen noch, und die ganze Prozedur dauert etwa drei Minuten. Am Schluß Petersilie über die Kringel sprenkeln. Dazu passen natürlich Baguette oder Reis und Wein.

VARIATIONEN:
Wenn Sie die Tintenfischchen mit Sauce servieren, sollten Sie sie nach drei Minuten aus der Pfanne nehmen und die Sauce mit den Zutaten allein einkochen lassen. Danach kommen die Ringe zum Aufwärmen wieder in die Pfanne. Etwas **Sahne** und **Pernod** gibt den blassen Streifen einen raffinierten Beigeschmack. Und immer wieder **Tomaten** und **Basilikum, Thymian, Oregano, Peperoncini, Knoblauch.** Calamares haben keinen starken Geschmackscharakter, deswegen kann man viel mit ihnen machen.

SAUCEN, CHUTNEYS UND ANDERE BEGLEITER

Sicher gibt es tausendundeine Saucen, mit denen sich international die besten Köche und die fleißigsten Hausfrauen brüsten, doch nicht jede Sauce ist ein Gedicht, und nicht jeder Quatsch braucht Sauce. Es reicht auch eine Kräuterbutter. Wer aber Senfsauce zum Fisch zubereiten kann, für den ist auch Kapernsauce kein Problem. Man nimmt einen Becher Fond oder Brühe, dann gibt man Gewürze, Sahne und Wein hinzu, läßt die Flüssigkeit auf Saucenkonsistenz einkochen, also etwa auf die Hälfte; und arbeitet kalte Butter stückchenweise ein. Wer die Sauce so nicht zum samtigen Blubbern bringt, sondern nur zum dünnen Köcheln, der kann ihr pflanzlichen Saucenbinder verpassen, aber sportiv ist das nicht. Senf? Kapern? Grüner Pfeffer? Kleingewürfeltes Gemüse? Nichts ist unmöglich.

Es genügt, das Prinzip von einigen Saucen zu kennen, dann ist die Köchin fein raus und hat stets die passende Antwort auf bleiche Eier, simple Steaks und farblosen Fisch. Fonds gibt es im Glas zu kaufen, und Würfel oder gekörnte Brühe sind auch brauchbar.

FISCHSAUCE

SIE BRAUCHEN:

Fischbrühe oder Gemüsebrühe, Schlagsahne, Salz, Pfeffer, Weißwein, Zwiebeln

Unabhängig vom Fisch kochen Sie aus 1–2 Tassen Brühe, ein paar Zwiebelwürfelchen, einem Schuß Schlagsahne und Weißwein eine kleine Sauce, die zum Beispiel mit gehackten frischen oder getrockneten Estragonblättern, Salz und Pfeffer abgeschmeckt wird. Wollen Sie sie legieren, schlagen Sie ein Eigelb dazu, aber die Sauce darf dann nicht mehr kochen.

VARIATIONEN:

Oder Sie nehmen statt Estragon ein Stück **Krebsbutter** aus der Schachtel und köcheln eine rosa Sauce, die beim Einkochen von selbst etwas sämig wird, und streuen ein kleines Händchen voll **rote Pfefferkörner** hinein oder, besonders edel, roten Lachskaviar aus dem Glas. Oder **Kapern** oder **Senf** oder sehr klein gewürfeltes, **buntes Gemüse,** das Sie ein paar Minuten in heißem Wasser blanchieren, bevor es an die Sauce kommt. Eine quietschgelbe Sauce entsteht, wenn Sie 1–2 Döschen Safranfäden in der weißen Sauce mitköcheln lassen.

WEINSCHAUMSAUCE ODER SABAYON

SALZIG UND WÜRZIG ZU FISCH, FLEISCH UND GEDÜNSTETEM GEMÜSE

Am besten schlägt der weniger geübte Koch die Sauce im Wasserbad, wenn er ganz sichergehen will, daß ihm das Eigelb nicht gerinnt oder zu schnell fest wird. Das heißt, er stellt den Topf mit der durchgerührten Eier-Brühe-Wein-Mischung in einen größeren Topf, in dem Wasser nicht ganz kocht, und schlägt nun die Masse mit einem Schneebesen, bis sie dick wird. Die Temperatur läßt sich leicht regulieren, indem man den kleinen Topf ab und zu aus dem Wasser zieht. Aber da Kochen kein Kunststück ist, sollten Sie gleich die schnellere Methode versuchen.

SIE BRAUCHEN:

2 Eigelb für 1 Person, pro weitere Person 1 Eigelb mehr. Für 3 Eigelb: 1/2 Glas Weißwein, Pfeffer, Salz, 1/2 Glas Brühe, 1 Spritzer Aquavit und dazu gemahlenen Kümmel

Mit einem Schnapsglas Aquavit und einer Tasse Fond oder Brühe von Fisch oder Fleisch (einen guten Brühwürfel oder gekörnte Brühe anrühren) werden die Eier zunächst kalt schaumig gerührt.

Ein ganz normaler Topf reicht für die Schaumschlägerei; beachten Sie dann aber das Problem des Anbackens im Knick des Topfbodens. Am besten eignet sich eine

Sauteuse – ein Stieltopf mit schrägen Wänden –, ein Wok geht auch. In einem solchen Topf kommt der Schneebesen gut in die Ränder am Boden, denn darauf kommt es beim nächsten Arbeitsschritt an. Nun stellen Sie den Topf mutig bei geringer Hitze direkt auf den Herd und gießen den Wein dazu. Jetzt muß der Besen wirbeln, und zwar immer gut am ganzen Boden und an der Wand entlang. Langsam wird der Schaum warm, das Eigelb wird fest, und die Masse wird dick und dicker. Wer will, schiebt ein paar Butterstückchen nach, wenn die Sauce zu dick wird, oder läßt beim Weiterschlagen noch ein Täßchen Sahne einlaufen. Wenn die Kreise des Besens auf der Oberfläche Muster bilden, ist die Sabayon fertig. Diese Sauce paßt gut zu gegrilltem oder gedämpftem Fisch, zu Krustentieren, zu Kalbssteak und Hähnchenfleisch.

VARIATIONEN:
Statt Aquavit und Kümmelgewürz können Sie auch mit **Sherry** oder **Weißwein** und **Safran** würzen, oder mit **Weißwein** und gehackten **Kapern, Cognac** und ein paar gehackten **Champignons** und **Zwiebeln,** die aber vorher extra in einer Pfanne gedünstet werden müssen, weil sie danach keine Zeit mehr haben zum Garen.

SAUCE CUMBERLAND

SIE BRAUCHEN:
Johannisbeergelee, Orangensaft, hauchdünne Streifen von der äußeren Schicht der Orangenschale, Rotwein, roten Portwein, einen Schluck Cognac, Senfpulver oder Senf, Cayennepfeffer, gehackten oder gemahlenen Ingwer und eine klitzekleingehackte Zwiebel

Wenn Sie dies alles zusammenrühren, haben Sie die klassische Sauce Cumberland, die sich gern an Rehmedaillons schmiegt.

VARIATIONEN:

Ob Sie aber nun die Marmelade von Aprikosen, Stachelbeeren oder Erdbeeren mit Weißwein oder Johannisbeer- und Vierfruchtmarmelade mit Rotwein verrühren, ob weißen oder roten Portwein, Cognac oder Weinbrand mit Orangensaft oder Zitrone und Senf statt Senfpulver nehmen – das ist nicht so wichtig. Die Möglichkeiten sind vielfältig und allesamt probierenswert. Wenn Sie Marmelade, Rotwein, Cognac, Senf, Ingwer und Zwiebel haben, kann nichts schiefgehen. Es wird daraus in jedem Fall eine würzige Sauce, die sehr gut zu kaltem, gekochtem oder gebratenem Fleisch paßt.

CHUTNEYS

Ein Chutney besteht aus süß-scharf-würzig aufbereiteten frischen Früchten. Es muß nicht immer Mango sein, auch ein Apfel hat die letzte Ehre verdient, oder eine Birne, die vor Einsamkeit gerade vergehen will; ein paar Pflaumen, Orangen, Stachelbeeren oder Rhabarber und – warum nicht – die Dose Aprikosen oder Ananas ganz hinten aus dem Schrank. Oder sanftsüßes Gemüse wie rote Bete und säuerliche Tomaten.

Chutneys sind kleine, raffinierte Begleiter eines schmucklosen Stückes Leber, einer Entenbrust oder eines öden Steaks. Man braucht davon nicht viel, pro Nase 1–2 Eßlöffel voll. Sie lassen sich einfach, warm und kalt zubereiten, und sie erheben nicht von sich aus den Anspruch, in Mengen in Gläsern eingemacht und als hübsch verpackte Weihnachtsgeschenke anderen Leuten zugedacht zu werden. Ein Chutney will spontan gemocht und gebraucht werden. Hier sind zwei verschiedene Chutneys, alle anderen bereitet man genauso zu. Wenn Sie eine Zutat nicht haben, nehmen Sie eine ähnliche, oder Sie lassen sie ganz weg. Hauptsache, es schmeckt schön sauersüßscharf.

ANANAS-CHUTNEY

SIE BRAUCHEN:

Eine Dose Ananas oder eine frische Ananas, dazu 1 Zwiebel, Ingwer (frisch oder gezuckert im Glas oder in Pulverform), Pfefferschote, Weißweinessig

Die frische Frucht wird geviertelt, mit einem scharfen Messer geschält und vom inneren harten Strunk befreit. Dann wird sie zerstückelt. Oder Sie öffnen gleich eine Dose. Ein Viertel der Frucht oder des Doseninhalts wird mit Saft püriert und zusammen mit einer gehackten Zwiebel, ungefähr 2 Eßlöffeln Essig, Ingwer und einer feingehackten roten Chilischote auf dem Herd eingekocht. Eventuell muß noch nachgezuckert oder -gesäuert werden.

APFEL-CHUTNEY

SIE BRAUCHEN:

1 oder 2 Äpfel, 1 Zwiebel und einen dicken Knubbel frischen Ingwer, Senfkörner, Weinessig, schwarzen Pfeffer oder Cayennepfeffer, Salz, Zucker

Die Äpfel werden geschält, geviertelt, vom Kerngehäuse befreit und in dünne Scheibchen geschnitten. Zwiebel und Ingwer ebenfalls. Dann streuen Sie einen Schwung Senfkörner darüber, geben einen Eßlöffel Weinessig, Salz, Pfeffer und Zucker (braunen, wenn vorhanden) dazu und kochen alles unter emsigem Rühren weich. Wenn die Masse zu flüssig ist, müssen Sie noch länger kochen; wenn sie zu fest wird, kommt ein bißchen Wasser oder Wein dazu.

VARIATION:

Zwiebeln, Ingwer, Essig, Salz, Zucker und **Pfeffer** sind die Hauptingredienzen für Chutneys, aber Sie können auch noch andere **Zutaten** verarbeiten, zum Beispiel **Curry,** mild und scharf, **Rosinen,**

Korinthen, Sultaninen, Tomatenmark, Madeira und **Portwein, Knoblauch.** Mit diesen Beigaben können Sie alle Obstsorten anschärfen. Erfinden Sie selbst heiße **Cayenne-Pflaumen, scharfe Essig-Schalotten** oder **Chili-Orangen** oder **Erdbeer-Mango-Ingwer-Chili,** je nachdem, was gerade da ist oder verschwinden soll.

KNOBLAUCHSAUCE FÜR VIELE GELEGENHEITEN

SIE BRAUCHEN:

40–50 Knoblauchzehen, 1 Zitrone, eine halbe Tasse Olivenöl

Wenn Sie einen Mixer haben, lassen Sie den Knoblauch und den Saft der Zitrone einfach durchschnurren, gießen in feinem Strahl das Öl dazu, und fertig ist die Knoblauchsauce, die, in ein Glas gefüllt, im Kühlschrank mindestens drei Wochen hält. Wenn kein Mixer im Haus ist, müssen Sie sich die Mühe machen, alles in einem Mörser zu einem Brei zu stampfen. Die Knoblauchsauce paßt so, wie sie ist, gut zu Lamm und Geflügel. Mischen Sie einen Teil der Sauce mit Joghurt und etwas Salz, dann haben Sie einen starken, aromatischen Dip für knackiges Gemüse wie Fenchel, Stangensellerie, Karottenstreifen oder Paprika, die sie auf einer großen Platte als Vorspeise anrichten können. Ratatouille, der Gemüseschmortopf aus Zucchini, Paprika, Auberginen oder Gurken oder aus einer Mischung von allem, bekommt mit der Knoblauchsauce den richtigen Kick. Auch ein Kartoffelbrei kann sich damit entschieden verändern.

KLASSISCHE FRISCHE MAYONNAISE

Zu Krustentieren und kaltem Fleisch, aber auch als Dip schmeckt eine Mayonnaise gut. Und man kann sie variieren. Nehmen Sie die Eier aus dem Kühlschrank und lassen Sie sie auf Zimmertemperatur anwärmen, oder legen Sie sie kurz in warmes Wasser.

SIE BRAUCHEN:
1 Eigelb, Zitronensaft oder Weinessig, Speiseöl, Salz, Pfeffer, Senf

Das Eigelb in den Mixer werfen oder mit dem Rührgerät bearbeiten. Salz, ein wenig Zitronensaft, 1 Teelöffel mittelscharfer Senf kommen dazu, dann wird alles gut durchgemixt. Nun soll in sehr feinem Strahl (zu Anfang tröpfchenweise) ¼ Liter Pflanzenöl (kein Olivenöl, es schmeckt zu stark) dazulaufen, während immer weiter geschlagen wird, bis die Masse dick wird. Wenn sie zu fest ist, können Sie ein bißchen Wasser hineinarbeiten. Gerinnt das Eigelb, kann man versuchen, es mit ein paar Tropfen heißen Wassers wieder zu glätten. Bleibt sie flüssig, ist sie nicht zu retten. Dann muß der Vorgang mit einem weiteren Eigelb wiederholt werden, in das die mißglückte Mixtur sehr langsam auf mittlerer Schnurrstufe hineingearbeitet wird.

REMOULADENSAUCE

Mit gehackten **Kräutern, Gurkenstückchen, Gurkenwasser** aus dem Gewürzgurkenglas, 1–2 kleingeschnitzelten **Sardellenfilets, Kapern** und mehr **Senf** wird Mayonnaise zur Remouladensauce, die gut zu kaltem **Roastbeef** und natürlich in einen **Kartoffelsalat** paßt.

TIP:
Wer der Frische seiner Eier nicht mehr ganz traut, bereitet die Mayonnaise aus gekochten Eigelben zu. Lösen Sie das harte Eigelb aus den Eiern und drücken Sie

es mit einem Löffelrücken durch ein Sieb. Nun geben Sie nach und nach das Öl hinein und schlagen die Masse mit einem Schneebesen, bis eine Mayonnaise entstanden ist. Zum Schluß wird gewürzt.

AIOLI

Die Aioli ist eine Mayonnaise-Variante mit viel **Knoblauch,** also ab vier Zehen aufwärts (bei **3 Eigelb** und ca. **200 ml Öl).** Besser als Olivenöl eignet sich **Sonnenblumenöl** oder **Distelöl,** weil Olivenöl einen sehr strengen Geschmack hat, den Eier noch verstärken. Zur Aioli kommt etwas **Tomatenmark,** der Farbe und der hier sehr gut passenden, herben Süße wegen. Oder Sie fügen einen Teelöffel **Kurkuma** hinzu – dann haben Sie eine leuchtendgelbe Sauce. Mit **Zitronensaft, Salz** und **Pfeffer** abschmecken.

TIP:
Die Aioli wird als Dip gern zu Artischocken und zu frischem Gemüse gereicht, und sie ist, auf einem gerösteten Stück Weißbrot schwimmend, das I-Tüpfelchen auf einer Fischsuppe.

VARIATIONEN:
Mischen Sie die Mayonnaise mit Joghurt, wird sie leichter und damit bekömmlicher. Ein Schuß Olivenöl, Knoblauch und viel gehacktes Basilikum (oder 1 Löffel Pesto aus dem Glas) verwandeln die schlichte Mayo in ein nettes grünes Sößchen für kalten, weißen Fisch. Probieren Sie auch frisches, gehacktes Koriandergrün und Zitrone.

DESSERTS HINTERHER

Wenn der Hauptgang eines Dinners schlicht geraten ist, tut der Gastgeber gut daran, noch flugs ein Gedicht zu zaubern. Haben Sie einen großen Becher Joghurt oder Quark im Haus? Öffnen Sie ein Glas Aprikosen, Mango, Feigen oder Sauerkirschen, mischen Sie die Früchte mit dem Joghurt, sprühen Sie Schlagsahne darauf und lassen ein paar Schokokrümel darüberrieseln, und schon ist das Dessert fertig. Aber es geht auch raffinierter – auch ohne große Taten oder rare Zutaten.

ZABAIONE ODER WEINSCHAUMSPEISE

Ein Muß für den genialen Koch ist die Zabaione, die süße Weinschaumcreme, ein italienisches Dessert. Wer die Zubereitung beherrscht, kann jedes frische Obst, jedes Obst aus dem Glas zu einem verführerischen Dessert aufrüschen.

SIE BRAUCHEN:
4 Eigelb für 3 Personen, 2 Eßlöffel Zucker und 1 Gläschen Marsala

Die italienische Zabaione wird wie die salzige Sabayon (siehe Seite 113) zubereitet. Sie schlagen zunächst die Eigelbe mit dem Zucker schaumig, fügen dann den Marsala hinzu und schlagen das Ganze über einem Topf mit heißem Wasser oder direkt auf dem Herd zu festem Schaum. Probieren Sie es auch mit weißem Portwein, mit Sherry oder Malaga, mit Sekt, Champagner oder Likör. Die Zabaione ist allein schon gut, aber auf frischen Weintrauben oder Pflaumen, Beeren, Pfirsichen oder auf Eis ist sie grandios.

OBSTSAUCEN

Obstsaucen sind ganz einfach herzustellen und donnern ein schlichtes Vanilleeis vom nächsten Kiosk auf. Haben Sie frisches Obst im Haus? Dann wird es mit dem

Pürierstab zerratscht, gezuckert und mit **Portwein** oder auch mit **Cassis, Likör, Obstbrand** oder **Cognac** geschmückt. Auch ein Konservenobst eignet sich, wenn Sie zuvor den Saft abgießen. Vielleicht werfen Sie ein paar abgetropfte **grüne Pfefferkörner** aus dem Glas oder **Mandelsplitter** an die Erdbeersauce, das sieht gut aus und macht viel her.

SCHNUCKELIGE SAHNE

Ein ganz gewöhnlicher Fruchtsalat aus **Erdbeeren** solo, die mit einem Schuß **Grand Marnier** mariniert sind, bekommt als Haube einen Berg steif geschlagene, süße **Schlagsahne,** die am Schluß mit **Kakaopulver** verrührt wurde. Die Schlagsahne für einen Obstsalat kann auch mit zerbröselten **Amarettini** vermischt werden. Oder mit **Krokant,** mit **Vanillezucker** oder mit dickem **Eierlikör.**

RAFFINIERTE PFLAUMEN

Abgetropfte Pflaumen aus dem Glas werden auf zerbrochene, in Butter geröstete und mit Cassis bespritzte Löffelbiskuits oder Zwiebackstücke gebettet. Darauf kommt ein Häubchen gesüßte Schlagsahne und darauf ein bißchen selbstgemachter Krokant zum Knuspern.

Für den Krokant braucht man nur zwei Eßlöffel voll Mandelsplitter, gehackte Walnuß oder Haselnuß in eine trockene Pfanne zu geben und etwa 4 Eßlöffel Zucker darüberzustreuen. Der Zucker schmilzt sehr schnell. Damit er zwar klar wird, aber nicht zu braun, muß man schnell ein wenig mit einem Holzlöffel rühren (Zucker wird sehr heiß, und Holz leitet die Hitze nicht), die Nußstücke mit der Zuckerlösung umhüllen und dann die Masse eilig aus der Pfanne auf ein Backpapier oder feuchtes Blech gießen, wo sie mit einem Messer dünn ausgebreitet wird. Der Krokant wird fest, während Sie die Dessert-Teller anrichten. Dann zerbröckeln Sie ihn.

TOPFENPALATSCHINKEN

SIE BRAUCHEN:
dünne Pfannkuchen (siehe Seite 123),
mit Zucker gesüßt

FÜR DIE FÜLLUNG:
1 Topf (200 g) Quark, Vanille,
Zucker, Zironensaft, 1 Ei

FÜR DIE GRATINIERSAUCE:
1 Topf saure Sahne, 1–2 Eigelb
und Puderzucker

Der Quark wird mit Vanille und Zucker (Vanillezucker geht auch, schmeckt aber nicht so gut) und Zitronensaft verrührt und schön süß und sauer abgeschmeckt. Einen Pfannkuchen auf jeden Teller legen. Auf jeden Pfannkuchen kommt ein großer Klacks der Quarkmasse. Der Pfannkuchen wird so gut es geht einmal um den Quark geschlagen und an den Enden ein wenig geknifft. Eine kleine Kelle voll Gratiniersauce darübergleiten lassen und den Teller unter den Grill schieben, bis die Sauce braune Blasen bildet. Das geschieht nach etwa 10 Minuten. In der Zwischenzeit kann man mit dem Zauberstab den Inhalt eines Glases Aprikosen pürieren oder Kirschen, Beeren, Birnen oder frisches Obst mit Zucker. Nun wird der Teller mit einem starken Topflappen aus dem Ofen geholt. Neben die Pfannkuchenrolle kommt ein Eßlöffel voll Fruchtmus. Zum Schluß wird alles mit Puderzucker überpudert. So ein süßer Quarkpfannkuchen schmeckt schleckrigen Damen und Herren am späten Abend köstlich.

CRÊPES SUZETTE

Crêpes Suzette, die dünnen, alkoholischen Pfannkuchen, waren in den Sechzigern der Hit jedes Nobelrestaurants, denn sie sind so einfach herzustellen, daß sie vom Ober am Tisch vor den Gästen zubereitet werden konnten, die entzückt zusahen, wenn die Flammen gen Himmel schlugen. Heute ist kein Platz mehr für offenes Feuer. Das ist die Chance für den großen Auftritt eines Schlampenkochs.

SIE BRAUCHEN:

150 g Mehl, 3 Eßlöffel Zucker, 3 Eier, 1/4 l Milch mit 4 Eßlöffeln Wasser vermischt, Butter, Mandelblättchen, Orangenlikör, Orangensaft

Diese Menge reicht für etwa 8 Crêpes und 4 Personen. Das Mehl wird mit Zucker, Eiern, Wasser und einem Schluck Grand Marnier mit Muskelkraft und Schneebesen geschlagen, bis keine Klümpchen mehr vorhanden sind. Sicherheitshalber kann man den Teig schnell durch ein Sieb laufen lassen. Nun soll er ein Stündchen ruhen, und Sie können es ihm gleichtun. Danach wird eine kleine Pfanne stark erhitzt. Ein wenig Butterfett über Boden und Innenwand laufen lassen und mit einer kleinen Schöpfkelle etwa 2 Eßlöffel Teig in die Pfanne gießen. Dabei halten Sie die Pfanne in der Hand und kippen sie nach allen Seiten, damit sich der Teig schön dünn ausbreitet. Nach 1 Minute bildet sich ein brauner Rand, und Sie können den Pfannkuchen wenden; die andere Seite braucht eine weitere knappe Minute. Dann lassen Sie ihn auf einen Teller gleiten und bereiten ungefähr 8 weitere Pfannkuchen zu, die Sie stapeln können. Die Pfannkuchen können bedeckt bei Zimmertemperatur ausharren, bis sie gebraucht werden. Wenn es Zeit für ein Dessert ist, zerlassen Sie 125 g Butter bei kleinster Hitze mit 1 Eßlöffel Zucker in einer großen Pfanne. Rühren Sie gut, damit der Zucker nicht karamelisiert. Die Butter darf nicht bräunen.

6 Eßlöffel Orangensaft dazugeben, die Hitze hochdrehen, so daß die Sauce sprudelnd auf die Hälfte einkochen kann. Eventuell eine Handvoll Mandelblättchen einwerfen. Legen Sie einen Crêpe in die Sauce und wenden Sie ihn darin. Dann falten Sie ihn in der Mitte und dann noch einmal in der Hälfte. Dieses Dreieck legen Sie an den Rand und verfahren mit den anderen genauso. Die Crêpes werden überlappend in der Pfanne angeordnet.

Wenn alle, die Sie auf einmal servieren wollen, in der Pfanne sind, gießen Sie vorsichtig, aber schnell 1 Glas Grand Marnier dazu. Auf einem Gasherd wird die Pfanne WUSCH! in Flammen stehen, aber der Brandanschlag ist nicht unbedingt nötig.

APFELSINEN-PAMPELMUSEN-KOMPOTT

SIE BRAUCHEN:

Apfelsinen, Pampelmusen, Maizena, Orangensaft, Orangenlikör

Bringen Sie in einem Topf etwa ¼ Liter Orangensaft zum heftigen Kochen, so daß sich die Menge nach 10 Minuten schon leicht reduziert hat. Nun würzen Sie den Saft mit Orangenlikör und einer Handvoll Zucker und schmecken ab. In einer Tasse lösen Sie einen Teelöffel Maizena in einem Schlückchen kaltem Wasser auf und gießen die Sauce in feinem Strahl zum kochenden O-Saft, den Sie mit dem Schneebesen dabei weiterschlagen, damit sich keine Klümpchen bilden. Eine Minute lang. Falls doch Klümpchen in der Sauce sind, lassen Sie sie schnell durch ein Sieb in eine Schüssel laufen. Die Sauce muß nun kalt werden.

Schälen Sie die Orange wie einen Apfel, und zwar so gründlich, daß das Fruchtfleisch nackt ist und man nun die einzelnen weißen Häutchen wie Längengrade zwischen den Apfelsinenspalten sieht. Nun nimmt man die Frucht in eine Hand und schneidet mit der anderen am Längengrad entlang zur Längsachse durch. Dort angekommen, hebelt man das Fruchtfilet seitwärts am nächsten Längengrad entlang aus der Kugel. Wenn man sich herumgearbeitet hat, liegt ein schlapper runder Fächer in der Hand, den man noch ausdrücken muß, um den restlichen Saft für die Sauce zu haben. Genauso ergeht es der Pampelmuse. Warum soll ein Schlampenkoch so etwas nicht können? Aber ein privates Kompott darf natürlich auch weiße Orangenhäutchen haben. Die Fruchtfilets kommen in die Sauce, wenn sie kalt ist.

SILVESTERPARTY: ALLE KOCHEN, NUR ICH NICHT

Wenn viele Gäste kommen, ist ein großes Cookout eine sehr angenehme Art, sich vor zuviel Arbeit zu drücken. Allerdings erfordert es einige genaue Absprachen. Zum Beispiel ist es absolut notwendig zu klären, wer für welches Gericht die alleinige Verantwortung trägt.

Es kann ein Desaster werden, wenn nur einer kocht und die andern überall herumfummeln und in die Töpfe hineinquatschen. Jeder sollte seinen Einkauf selbst erledigen, alles mitbringen und dann sein Gericht vor den anderen Gästen kochen oder sich von ihnen gezielt helfen lassen. Verabredungen müssen auch sein, damit nicht einer einen Truthahn brät, sieben Beilagen köchelt und damit vier Stunden den Herd und große Teile der Küche blockiert.

Ein Braten darf im Programm sein, aber dann sollten die anderen sich nur um die Beilagen kümmern. Jeder sollte sich Sachen ausdenken, die er erprobt hat und beherrscht, und die in einer halben bis dreiviertel Stunde fertig sein können. Am schönsten wird es, wenn viele Arten von Vorspeisen entstehen. Nichts davon ist zu mächtig, und man kann, ein Glas in der Hand, verschiedene Dinge kosten und bestimmt gut gelaunt zusehen, wie andere kochen.

Beim Cookout wird, anders als bei einer förmlichen Dinnerparty, bis in die Nacht hinein gegessen und getrunken – das hält munter und wach: wichtig für eine Silvesterparty. Der Gastgeber kümmert sich nur darum, daß genug Stühle, Geschirr und Gläser, Servietten, Kerzen und nichtalkoholische wie alkoholische Getränke vorhanden sind, damit eine gewisse Qualität und Einheitlichkeit nicht unterschritten wird. Alles übrige steuern die Gäste bei.

Ein gutes Gericht, das der Gastgeber reichen kann und das schon fertig gekocht auf dem Balkon auf seinen Einsatz warten darf, ist eine Mitternachtssuppe im großen Topf.

Mehr braucht der freundliche Gastgeber nicht zu bieten; daß er am nächsten Morgen Ordnung schaffen wird, ist schließlich Beitrag genug.

CURRY-CHICKEN-SOUP

Am Vortag beginnt die Kocherei, so daß Sie sich am Tag des Festes entspannt mit Ihrem Outfit befassen können.

SIE BRAUCHEN:

1 Suppenhuhn, Reisnudeln, Champignons, ein paar Möhren, Frühlingszwiebeln, 1 Dose Bambussprossen, Madras-Curry, 1 Paket Tiefkühlerbsen, eventuell 1 Dose Wasserkastanien

Ein ganzes Suppenhuhn wird in den großen Topf gesteckt und mit sechs Liter Wasser übergossen. (Prüfen Sie aber vorher, ob sich nicht der Plastikbeutel mit den Innereien noch im Bauch des Huhns befindet.) Pfeffer, Salz, Lorbeerblatt in den Topf werfen und kochen lassen, bis der Vogel weich ist und man einen Flügel ganz leicht abreißen kann. Nach etwa 1 ½ Stunden nehmen Sie das Huhn heraus und lassen es abkühlen. Das war für den ersten Tag schon alles.

Am nächsten Morgen ist die Brühe kalt, und Sie können mit einer Schaumkelle ohne Mühe das ganze weiße, feste Fett von der Brühe abheben. Nun wird das Huhn entbeint, Knorpel und Glibberhaut werden an die Katze verfüttert, die Knochen entsorgt und das Fleisch zerrupft in die Brühe gegeben, der Sie nun einheizen. Jetzt öffnen Sie eine Dose Wasserkastanien, lassen sie abtropfen und schneiden sie in Scheibchen, ebenso Champignons und/oder Shiitake-Pilze (bei den getrockneten sollten Sie nach dem Einweichen die Stiele abschneiden und das Wasser weggießen). Bambussprossen aus der Dose fischen, kleinschnippeln, 1–2 Karotten schrappen und in dünne Scheiben schneiden, eine kleine Stange Porree oder Frühlingszwiebel in feine Ringe schneiden und alles in die Brühe geben.

Lassen Sie die Suppe zehn Minuten köcheln und werfen Sie dabei ein Paket Glasnudeln hinein und die Erbsen.

Nun müssen Sie nur noch abschmecken mit Salz, Pfeffer und 1 Eßlöffel scharfem Madras-Curry. Schon gut? Sonst von allem mehr. Diese Suppe heizt gut ein, sie ist nicht fett und nicht zu mächtig.

KÜRBISSUPPE

SIE BRAUCHEN:
einen großen Kürbis, 1 Suppenhuhn, Sahne, Curry

EVENTUELL:
chinesische Reisnudeln

Die Kürbissuppe muß nicht unbedingt im großen Stil inszeniert werden, aber sie kann. Und das beste ist, daß sie sich für einen größeren Auftritt eignet, ohne aufwendige Vorbereitungen zu erfordern. Der große gelbe Kürbis kann ab September irgendwo in der Wohnung, wo es trocken ist, dekorativ ruhen, gut und gern ein paar Wochen oder sogar Monate, vorausgesetzt, der Gemüsemann hat den Kilopreis nicht mit einem Messer hineingeritzt und die Kugel wurde nicht auf andere Weise beschädigt.
Für eine Mitternachtssuppe kochen Sie zunächst das Huhn, wie bei der Curry-Chicken-Soup beschrieben. Am nächsten Tag schneiden Sie vom Kürbis den Hut mit Stiel ab. Nun können Sie mit bloßen Händen den faserigen Matsch mit den großen Samen aus dem Inneren herauslösen. Bis auf einen Zentimeter Wandstärke lösen Sie nun mit einem großen Löffel das feste Fruchtfleisch heraus und schneiden es in kleine Stücke. Wenn Sie vorsichtig geschnitten haben, paßt der Hut vielleicht wieder drauf, sonst müssen Sie mit Zahnstochern für Halt sorgen. Nun schneiden Sie dem Kürbiskopf ein zackiges Mördergrinsen und einen bösen Blick ins Gesicht, stellen ein Teelicht hinein und setzen ihn am Abend als stummen Gast auf den Tisch. Oder Sie benutzen den Kürbis als Terrine, in der die Suppe serviert wird. Wenn er zu der Umwandung geworden ist, brauchen Sie einen Zweitkürbis.

Nun die Suppe: Das Kürbisfleisch wird in der entfetteten Hühnerbrühe gekocht, mit Salz, Pfeffer und einer gehörigen Portion Madras-Curry, dem scharfen, abgeschmeckt. Der Kürbis zerfällt stark, so daß Sie ihn mit einem kräftigen Schneebesen verwuscheln können. Mit einem Schneidstab bearbeitet, wird die Suppe cremiger. Nun kommen noch ein Becher Sahne und das zerpflückte Hühnerfleisch dazu, und, wenn Sie wollen, Reisnudeln. Dazu gibt es getoastetes Brot. Und Wein ja sowieso.

LEICHTE TOMATEN-ORANGEN-SUPPE

Die Tomatensuppe ist hot und schmeckt am besten, wenn sie lauwarm serviert wird. Sie ist eine ungewöhnliche und raffinierte Vorspeise, kann aber auch bei einem langen Gelage um Mitternacht noch ein Highlight setzen.

SIE BRAUCHEN:

1 große Dose geschälte Tomaten mit Saft,
2 Frühlingszwiebeln, Maizena, Salz
und frisch gemahlenen schwarzen Pfeffer,
Zitronensaft, Orangensaft, Basilikum
oder Petersilie, Grand Marnier

Sie können natürlich auch Pizzatomaten aus dem Papp-Paket nehmen, dann sind die Kerne schon entfernt; oder sehr reife, blanchierte und gehäutete Tomaten. Nun hacken Sie alles andere klein und geben sämtliche Zutaten außer dem Orangensaft

auf einmal in den Topf. Die Suppe soll kurz aufkochen und dann bei kleiner Hitze 15 Minuten lang köcheln. In der Zeit rühren Sie 1 Teelöffel Maizena in einem Glas Orangensaft an. Nun lassen Sie den Schneidstab durch die Suppe schnurren. Falls die Kerne Sie stören, lassen Sie die Suppe durch ein Sieb in einen anderen Topf laufen. Dann stellen Sie die Suppe wieder auf den Herd und geben die aufgelöste Stärke dazu. Wenn Sie nun bei mäßiger Hitze rühren, wird die Suppe bald ein bißchen dicklich. Sie wird mit einem Schuß Orangenlikör gewürzt, gesalzen, gepfeffert und mit Basilikum oder Petersilie bestreut.

ROTE ZWIEBELSUPPE

SIE BRAUCHEN:

500 g rote Zwiebeln, etwas Butterfett, 1 Griff ins Mehl, 1 Glas Weißwein, 1 Liter Hühnerbrühe, Salz und Pfeffer, Ziegen- oder Schafskäse, Muskat und Thymian

Die Zwiebeln werden in dünne Ringe geschnitten und ins heiße Fett geworfen. Das Mehl stäuben Sie über die Ringe und rühren um. Dann kommen der Wein, die Brühe und der Thymian hinzu. Lassen Sie alles 10 Minuten kochen. Mit Salz, Pfeffer und Muskat kräftig abschmecken. Zu der Suppe reichen Sie Baguettescheiben, die mit Ziegenkäsestückchen belegt und kurz in den vorgeheizten Backofen geschoben werden. Diese Suppe ist originell, denn sie ist noch nicht so bekannt wie ihre weiße Schwester, aber bestimmt ebenso wohlschmeckend.

WENN DIE BESUCHER NOCH VON GESTERN SIND

Rezepte fürs Frühstück
und für ein Pop-up-Brunch
mit Morgenmuffeln

AUFWACHEN, RIECHEN, SCHMECKEN

RÜHREIER ESCOFFIER

Wie man Spiegeleier mit Speck macht, weiß wohl auch der größte Kochbanause, und mit Zwiebel und Tomaten oder Zwiebel und Champignons wird er dieselben auch noch hinkriegen. Meister-Eier dagegen schinden Eindruck, weil sie ungewöhnlich und besonders köstlich sind und nicht nach Resteverwertung oder mangelhafter Versorgungslage schmecken.

SIE BRAUCHEN:
Ohne wenn und aber: Knoblauch, Eier, Butter

Für zwei Personen reichen drei Eier, die als erstes in einer Schüssel mit wenig Salz und Pfeffer geschlagen werden. In einer Pfanne schmilzt bei kleiner Hitze ein Eßlöffel Butter. Wenn Sie einen Trüffelhobel haben, können Sie jetzt 6 (!) Zehen Knoblauch ganz schnell in die warme Butter hobeln. Wenn nicht, müssen Sie die Scheibchen vorher so dünn wie möglich schneiden (zum Beispiel mit einer altmodischen Rasierklinge) und auf einmal in die Butter werfen. Die Knoblauchpresse ist in diesem Fall nicht geeignet.

Die feinen Knoblauchscheibchen werden ganz kurz in der Butter gesotten, ohne daß sie Farbe annehmen dürfen. Falls die Butter bräunt und die Scheibchen auch, schmeckt der Knoblauch scharf, und das Gericht erschreckt den Morgenmuffel. Der Knoblauch wird, wenn er weich ist, was nicht lange dauert, mit einer Gabel leicht zerdrückt. Nun die Hitze vergrößern, mit Schwung die verrührten Eier darübergießen und die Masse bewegen, bis ein schönes Rührei entstanden ist, feucht oder trocken, ganz wie Sie es mögen. Wenn der Knoblauch so mit dem Ei zubereitet wird, braucht das Gericht wirklich nur wenig Salz. Es ist gut gewürzt, aber nicht scharf, und wer es nicht weiß, merkt trotz der hohen Dosierung nicht einmal, daß es sich bei dem Aroma um Knoblauch handelt, so sanft, so mild nussig schmeckt es, so ausgewogen ist die Würze. Eier scheinen mit der Knolle eine ganz besonders gelungene aromatische Verbindung einzugehen.

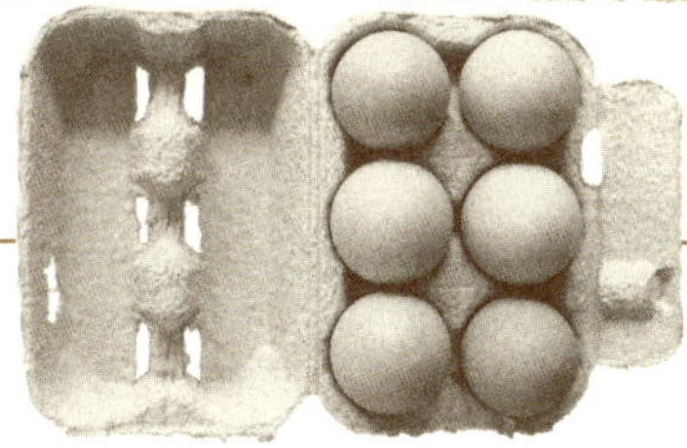

Der Meister Escoffier hat in seinem großen Kochkunstführer etwa 180 warme und kalte Eierspeisen (ohne die Variationen von Omelettes und Gerichte mit Kiebitzeiern) aufgeführt, aber diese Rühreier sind nicht dabei, obwohl sie seinen Namen tragen. Wer immer sie ihm auch zugeschrieben hat, wir wollen ihm unseren herzlichsten Dank zuhauchen. Nach diesem Frühstück kann man eigentlich gleich wieder ins Bett gehen, denn der Blutdruck ist allein durch den Knoblauch und trotz des Kaffees so tief gesackt, daß eine waagerechte Lage besonders bekömmlich erscheint.

PRAIRIE-OYSTER, FÜR DEN MORGEN NACH DEM GELAGE

SIE BRAUCHEN:

pro Person 1 rohes Eigelb, Ketchup, ein bißchen Tabasco oder Chilipulver und Worcestershiresauce

EVENTUELL:

etwas Schnittlauch oder Frühlingszwiebelringe

Ein Eigelb ohne Eiweiß in ein Weinglas gleiten lassen. Einen Klacks Ketchup und einige Spritzer Tabasco drauf, außerdem einen guten Schuß Worcestershiresauce und einen Klecks Butter. Diese Mischung wirkt auf einen zerknirschten Tischnachbarn wie Spinat bei Popeye. Die Saufnase stellt sich wieder gerade, und der Blick hellt sich auf.

GEFÜLLTE EIER

SIE BRAUCHEN:

Eier, Butter oder saure Sahne, Salz, frisch gemahlenen Pfeffer, Zitrone, 1 kleine Dose Lachskaviar oder Forellenkaviar

Eier 10 Minuten lang kochen, pellen und längs halbieren, das Eigelb auslösen und mit Salz, Pfeffer, Zitrone, etwas saurer Sahne vermengen, wieder in die Hälften füllen und Lachskaviar aus dem kleinen Döschen darüberrieseln lassen. In den fünfziger Jahren liebte man Eier mit schwarzem Seehasenrogen. Man nannte sie russische Eier. Sie schmecken auch. Und wenn Sie nur Sardellenpaste oder Sardellen im Glas haben, wird es auch damit etwas werden.

OMELETTE AU THON

SIE BRAUCHEN:
Eier, 1 Dose Thunfisch, Petersilie

EVENTUELL:
Sardellenpaste in der Tube oder
Sardellen im Glas

Eine kleine Portion Thunfisch in Öl entdosen, abtropfen lassen und in Stückchen zerpflücken. Ein bis zwei Teelöffel voll reichen für drei Eier und zwei Personen; der Rest kommt abends an die Nudeln.

Die Eier werden mit der Gabel schaumig geschlagen, mit dem Thunfisch verwirbelt und ein wenig frisch gepfeffert. 1 Teelöffel voll Butter in der Pfanne erhitzen, die Eimasse dazugießen und warten, bis das Ei fest wird. Wie fest es werden soll, das ist Geschmackssache.

Klappen Sie das Omelette zusammen, befördern Sie es auf einen Teller und bestreichen Sie es mit etwas Butter. Wenn Sie Sardellenpaste in der Tube haben, verrühren Sie etwas davon in der noch heißen Pfanne mit Butter und gießen diese Sardellenbutter auf und um das Omelett herum.

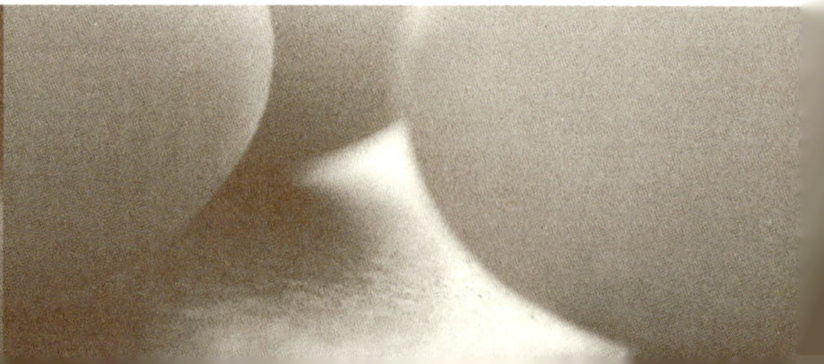

TÜRKISCHE EIER

SIE BRAUCHEN:

pro Person 1–2 Eier, Butter, Knoblauch, 1 kleinen Becher Joghurt, Paprikapulver (scharf oder süß)

Dieses Gericht wird mit Knoblauch erst schön. Pro Person rechnet man mit einem kleinen Becher Joghurt, der mit einer durchgepreßten Knoblauchzehe und Salz gewürzt wird. In einer Pfanne etwas Butter mit Paprikapulver erhitzen und das rote Fett hübsch über den Joghurt träufeln. In der Zwischenzeit kochen pro Person ein bis zwei Eier, die gepellt und halbiert auf dem Joghurt angerichtet werden. Dazu gibt es türkisches Fladenbrot oder dunkles Brot.

PFANNKUCHEN, SÜSS UND SALZIG

SIE BRAUCHEN:

Mehl, Milch, ein paar Eier

Pro Pfannkuchen nimmt man 1 Eßlöffel Mehl, 2 Eßlöffel Milch, 1 Prise Salz, 1 Ei, verrührt alles heftig und backt eine Kelle voll Teig in der Pfanne in erhitzter Butter. Zucker und Zimt drüber und Apfelmus oder Pflaumen aus dem Glas dazu, und schon ist das späte Frühstück fertig. Ganz schnelle Speckpfannkuchen macht man, indem man Frühstücksspeck in die Pfanne gibt und, wenn er sich wellt und zusammenschnurrt, den Teig darübergießt. Haben Sie ein bißchen Schnittlauch oder Frühlingszwiebelringe?

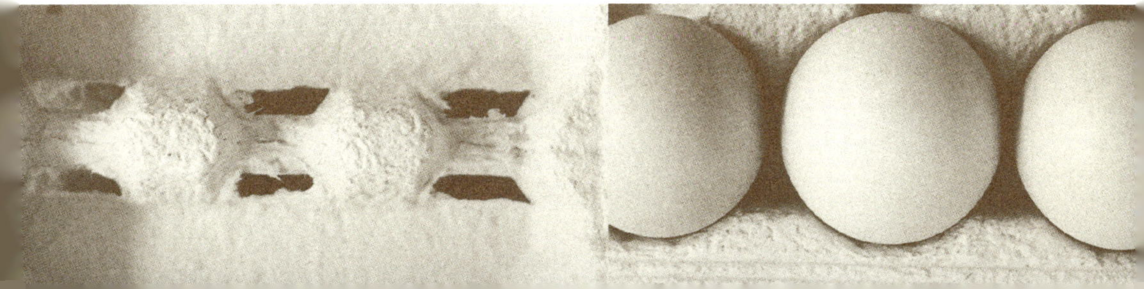

POP-UP-BRUNCH

Mit einer virtuosen Mischung aus Fertigprodukten, aus Dosen und Flaschen, die ohnehin im Haus sind, und mit nur ganz wenigen Zutaten, die Sie eigens kaufen müssen, können Sie eine pompöse Frühstückstafel aufbauen und eine ganze Bande von Freundinnen und Freunden zum Brunch einladen. Kaufen Sie zusätzlich nur frisches Brot, Parmaschinken, ein paar Trauben und Radieschen, Salami und Käse, Croissants, Sekt und Selters.

KLARE SUPPE FÜR GÄHNENDE MÄGEN

Wenn es schon spät am frühen Morgen ist, freuen sich Gäste zum Brunch über ein heißes Süppchen, das aber nicht schwer ist, denn der Tag ist noch lang und die Nascherei soll noch kein Ende nehmen. Wie ein guter Fond gekocht wird, kann man in vielen Kochbüchern nachlesen (Kurzversion auch auf Seite 26). Für die folgenden klaren Suppen greift ein ökonomisch arbeitender Mensch jedoch ins Regal und wählt unter Fonds aus Gläsern, gekörnter Brühe, Gemüsebrühwürfel, Fischsuppenpaste und -pulver und sonstigem, was man auf Vorrat kaufen kann.

BOUILLON MIT PARMESAN-EIERKUCHEN

SIE BRAUCHEN:

Fond oder Bouillonwürfel, 1 Ei, eine kleine Tasse Milch, Sherry, 1 Eßlöffel Mehl, Salz und Muskat, Butterfett und frisch geriebenen Parmesan

Bereiten Sie die Bouillon zu, wie auf der jeweiligen Packung angegeben, und prüfen Sie, ob sie gut genug schmeckt. Pfeffer und ein Schuß Sherry, Madeira oder Portwein nobeln jede Konservenbrühe auf. Nun wird eine Tasse voll Parmesan gerieben.

(Ein anderer Käse geht auch.) Aus dem Ei, Mehl, Salz und Muskat rühren Sie einen Pfannkuchenteig. Sie gießen Öl in eine kleine Pfanne und backen nacheinander drei bis vier dünne kleine Pfannkuchen von beiden Seiten, nehmen sie heraus, bestreuen sie reichlich mit frisch geriebenem Parmesan und rollen sie von einer Seite her auf. In jeden Teller legen Sie eine Pfannkuchenrolle (wer will, schneidet die Rolle in schräge Streifen) und gießen die heiße Brühe darüber.

Schon aus optischen Gründen wäre ein wenig Rot oder Grün auf der Brühe gut. Ist irgendein frisches Kraut im Haus? Sind Porreegrün, Frühlingszwiebeln oder Champignons da? Oder ein paar kleine Tomatenstückchen? Sonst wird eben getrocknetes Basilikum gestreut.

Entsprechend bereiten Sie eine **Nudelsuppe** zu, wenn Sie ein paar **Nudeln** haben, die keine ganze Mahlzeit mehr ergeben. Oder eine **Tortellinibrühe** mit fertigen **Teigtaschen** aus dem Supermarkt.

VARIATION:
Setzen Sie ein **Eigelb** in jede Tellermitte und gießen Sie die heiße Brühe darüber. Obenauf kommt geriebener **Parmesan**.

VARIATION:
Wer sich vom Eiweiß nicht trennen mag, kann auch **ganze Eier** mit der Gabel heftig aufschlagen, **pfeffern** und **salzen** und langsam, langsam in die fast kochende Brühe gießen, wo sie dann in kapriziösen Streifchen und Klümpchen stocken. Auch die geniale italienische **Stracciatella** birgt kein wesentlich größeres Geheimnis: **1 ganzes Ei** in einem Topf mit einem Eßlöffel voll geriebenem **Parmesan** vermischen, mit **Salz** und **Muskat** würzen und nun die sehr heiße Brühe aus dem anderen Topf darübergießen. 2–3 Minuten kochen lassen. Zur besseren Sättigung können Sie eine Scheibe **Weißbrot** in den Teller legen und die Straciatella darübergießen, oder Sie zerbröseln das Brot und mischen es gleich mit unter die Eiermasse.

SCHINKENSCHNECKEN

SIE BRAUCHEN:
geriebenen Käse, Salz, Pfeffer, Thymian, Zwiebeln und Würfelschinken

Alle Platten vom Blätterteig auseinanderlegen und auftauen lassen. Den Ofen auf 180° einheizen. Zwiebeln und Schinken oder Speck würfeln, in Butter anbraten, würzen mit Salz, Pfeffer, Thymian. Die Teigplatten einzeln mit einer Flasche oder dem Nudelholz zur doppelten Größe ausrollen.

Nun verteilen Sie Zwiebeln, Speck und den geriebenen Käse auf jede Teigplatte und rollen sie vom breiten Ende her fest auf. Mit einem Messer schneiden Sie davon daumendicke Rollen, die sie flach auf ein Blech legen und in den Ofen schieben. Nach ungefähr einer halben Stunde sind sie schön braun und plusterig aufgegangen.

GRATINIERTE SCHAFSKÄSETÖRTCHEN

SIE BRAUCHEN:
Tiefkühl-Blätterteig, Salatgurke, Schafskäse, Milch, Basilikum und Eier

Der Tiefkühl-Blätterteig muß auftauen, dann rollen Sie ihn mit dem Nudelholz oder mit einer Flasche auf doppelte Größe aus und stechen mit irgendeiner Form, die Sie im Haushalt suchen müssen, einer Schale oder großen Tasse, etwa handtellergroße

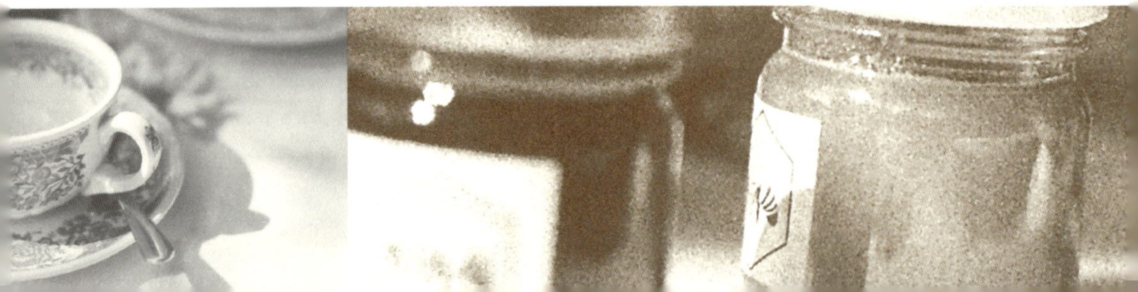

Kreise aus. Aus jeder der Teigplatten werden so vier runde Flächen ausgeschnitten. Die drücken Sie in Auflaufförmchen oder in weite Kaffeetassen. Wenn der Rand wellig übersteht, macht das nichts. Die Förmchen oder Tassen brauchen nicht gefettet zu werden, denn Blätterteig ist fetthaltig genug.

Nun bereiten Sie die Füllung aus zerbröseltem Schafskäse zu, der mit Milch oder Sahne glattgerührt wird und mit Gurkenstückchen oder -scheibchen vermengt wird. Hiermit füllen Sie die Förmchen bis zur halben Höhe des Teiges. Aus Milch und geschlagenen Eiern, jeweils in gleicher Menge, muskatiert, gepfeffert und gesalzen, rühren Sie die Gratiniersauce, die nun bis knapp unter die obere Teigkante in die Förmchen gegossen wird. Die Förmchen in den Ofen stellen und 40 Minuten lang bei 180° backen.

Die kleinen Kuchen, die Sie nun aus den Förmchen oder Tassen lösen, können auch erkalten und später wieder kurz aufgebacken werden. Das heißt, Sie können sie mitnehmen, wenn Sie zu einem Brunch geladen sind.

VARIATION:

Auch eine **Speck-Wirsing-Füllung** paßt hinein. Probieren Sie auch **Tiefkühl-Spinat** mit **Muskat,** und wenn Sie gar kein frisches Gemüse haben, nehmen Sie Tiefkühl-Erbsen oder kleingeschnittene **Schwarzwurzeln** aus der Dose. Die Gratiniersauce paßt zu jedem Gemüse.

FETTNÄPFCHEN UND CREMES

AUBERGINENCREME MIT SCHAFSKÄSE

Diese Creme ist eine türkische Vorspeise, die zu gekochten Kartoffeln, aber auch gut zu warmem Fladenbrot auf einen Frühstückstisch paßt. Man kann sie mit oder ohne Knoblauch zubereiten. Sie ist sehr einfach und schnell zu machen, obwohl sie einige Zeit braucht, um gar zu werden.

SIE BRAUCHEN:
2 große Auberginen, Olivenöl, Oregano, Salz, Pfeffer, ein Stück Schafskäse, Zitronensaft, Alufolie

Heizen Sie den Ofen vor auf 200°. Die Auberginen müssen kurz gewaschen werden, dann halbiert man sie der Länge nach und legt sie mit eingeölter Schnittfläche auf ein Backblech, das mit einem Stück Alufolie ausgelegt ist. Die Auberginen brauchen etwa dreißig Minuten, bis sie gar sind. Dann schneidet man ihnen die Stengelansätze ab, wirft sie in einen Mixer und püriert sie zusammen mit dem Schafskäse. Nun muß nur noch mit Zitronensaft, Salz, Oregano und frischem Pfeffer gewürzt werden. Die Creme soll kalt sein und muß für eine halbe Stunde in den Kühlschrank.

GÄNSELEBER IN GÄNSESCHMALZ

SIE BRAUCHEN:
ein Töpfchen Gänseschmalz, Gänseleber

Kaufen Sie ein Töpfchen Gänseschmalz und einige Gänselebern. Das Gänseschmalz wird im Topf erhitzt, die Gänselebern werden in kleine Stücke geschnitten und in das heiße Fett geworfen. Nur kurz durchschmurgeln lassen, vom Herd nehmen und in einen Steinguttopf füllen. Abkühlen und im Kühlschrank fest werden lassen. Wer will, kann auch kleingeschnippelte Apfelstückchen mitschmoren. Das ist ein sehr delikater Brotaufstrich für morgens und abends, für Brunch und Lunch.

F I S C H M U S

S I E B R A U C H E N :

Fischfilet vom Kabeljau, Dill, Zitrone, Cognac, Pfeffer und Salz

Kochen Sie ein Fischfilet in einem Sud mit Wacholderbeeren, Lorbeer, Pfefferkörnern und Salz. Wenn es gar ist, nehmen Sie es mit einer Schaumkelle aus dem Wasser, lassen es abtropfen, reißen es mit zwei Gabeln kurz und klein und würzen das Mus kräftig mit Pfeffer und Salz, Dill, Petersilie und ein bißchen Cognac. Oder mit Knoblauch, ein bißchen Pernod, Pfeffer, Salz und Petersilie.

Das ist ein schlanker Belag. Wenn er Ihnen zu bröckelig ist, mischen Sie Butter darunter und lassen ihn im Kühlschrank fest werden. Natürlich können Sie ein Fischmus auch aus Dosen-Thunfisch oder Ölsardinen zaubern. Mit Kapern, Zitrone, Knoblauch und Tomatenstückchen macht das bestimmt einen blanken Blick.

L E B E R G E H E X E L

S I E B R A U C H E N :

Putenleber, Gänseleber oder Hähnchenleber, egal welche, Salbei, Butter, Portwein, Pfeffer, Salz

Die Leber wird mit zerbröseltem, getrocknetem Salbei, viel Pfeffer und Salz gewürzt, in Butter von allen Seiten gebraten und mit Portwein gelöscht. In der Pfanne erkalten lassen und dann mit einem schweren Messer möglichst fein hacken. Mit zerlassener Butter mischen und im Kühlschrank fest werden lassen. Dies ergibt einen köstlichen Aufstrich für Toast oder ein frisches Sonntagsbrötchen.

GRAVED LACHS MIT SÜSSER SENFSAUCE

Eine ganze, marinierte Lachshälfte ist für ein Frühstücksbuffet gerade richtig. Sie ist lächerlich einfach zuzubereiten, hält sich eine Woche lang im Kühlschrank und ist damit das perfekte Schaustück des Schlampen-Buffets.

SIE BRAUCHEN:
1 Lachs (der norwegische ist billig und fett; der irische ist besser), weiße Pfefferkörner, Senfkörner, ein paar Lorbeerblätter, Salz und Zucker, 3–5 Bund Dill (das reicht auch für die Sauce)

Den Lachs lassen Sie am besten vom Fischhändler filetieren; die Haut muß dranbleiben. Gucken Sie zu, damit Sie es beim nächsten Mal selbst können. Die feinen Gräten, die Sie mit der Hand ertasten können, müssen mit einer Pinzette gezogen werden. Ein Strauß Dill bleibt für die Sauce, den Rest hacken Sie grob. Dann mischen Sie ½ Tasse Salz mit 1 Tasse Zucker, 1 Handvoll Senfkörner, 1 Handvoll weißer Pfefferkörner und ein paar zerbrochenen Lorbeerblättern. Eine Lachsseite legen Sie nun, mit der Hautseite nach unten, auf ein großes Stück Alufolie, in einen großen Bräter oder in eine flache Schüssel, die gerade in den Kühlschrank paßt. Darauf schichten Sie den gehackten Dill, verteilen mit lässigem Wurf die Salz-Zucker-Gewürz-Mischung und legen die zweite Lachsseite hautoben darauf. Der Fisch wird jetzt fest in Alufolie eingepackt. Beschweren Sie das Alu-Paket mit einem Brett, stellen die Schüssel in den Kühlschrank und lagern Sie Ihr Bier oder schwere Konservendosen auf dem Brett. Nach 12 Stunden, also am Abend, öffnen Sie die Alufolie, klappen den Fisch auf und beträufeln ihn mit der Lake, die sich inzwischen gebildet hat. Dann klappen Sie ihn wieder zu, drehen ihn um, packen ihn erneut ein und beschweren ihn. Am nächsten Morgen ist er fertig, aber er könnte auch bis zum Abend in der Lake liegen.

Nehmen Sie ihn dann heraus, wischen sie ihn mit Küchenpapier ab und servieren ihn auf einem Brett, begleitet von einem scharfen Messer mit schmaler, langer Klinge. Dieser Lachs braucht nicht so dünn geschnitten zu werden wie Räucherlachs; die Scheiben werden schräg und steil und etwa einen halben Zentimeter dick geschnitten. Dazu gibt es folgende Sauce:

SIE BRAUCHEN:

Honig, Senf, Öl, Essig, Salz, Pfeffer, viel Dill

Die Sauce wird einfach zusammengerührt aus einem Glas körnigem Senf und einem halben Glas Honig, ganz viel feingehacktem Dill, Essig und Öl. Mischen Sie selbst, wie Sie es am liebsten mögen. Die Sauce muß süß sein. Und scharf.

KATERDRINK

Sicher gibt es zum Brunch den üblichen O-Saft, mit dem sich gesundheitsbewußte Gäste gern den Sektgeschmack verderben. Daneben sollte noch ein scharfer Kraftdrink auf den Tisch.

SIE BRAUCHEN:

1 große Dose Tomaten und 1 geschälte Salatgurke, 1 grüne, 1 rote Paprikaschote, Tomatensaft, Tabasco, Olivenöl, Balsamico-Essig, Salz, Pfeffer

Sie zerkleinern alles zusammen im Mixer, würzen scharf und stellen das Gefäß in den Kühlschrank. Serviert wird der Drink mit Eiswürfeln und einer Stange Sellerie. Gegen schlechte Führung am Vorabend wirkt dieser Trank Wunder.

KALTE OBSTSUPPE ZUM AUFWACHEN

SIE BRAUCHEN:

500 g Äpfel, 1/2 Liter Wasser, 1 Glas Weißwein, 3 Eßlöffel Zucker, 1 Stange Zimt, Zitronenschale, Maizena

Schälen Sie die Äpfel und schneiden Sie sie in feine Scheiben. Dann werden sie in Wasser, Wein und Zucker mit Zimt und der Zitronenschale gekocht, bis sie weich sind, aber noch nicht zerfallen. Das geht schnell. Dann verrühren Sie einen Teelöffel Maizena mit kaltem Wasser, gießen die Flüssigkeit an die heiße Suppe und lassen sie noch eine Minute lang blubbern. Der Alkohol ist verdampft, die Suppe ist clean. Stellen Sie die Suppe in den Kühlschrank und servieren Sie sie, wenn sie kalt ist, mit zerbrochenen Löffelbiskuits oder mit Amarettini.

ALKOHOLISCHE TOMATEN

SIE BRAUCHEN:

1 Schachtel kleine Kirschtomaten, Wodka, Basilikum, Salz

Die Tomaten werden gewaschen, getrocknet und in einer flachen Schale mit Wodka übergossen. In jede Tomate piken Sie einen Zahnstocher. Neben den Tomaten plazieren Sie ein Näpfchen mit einer Salz-Basilikum-Mischung. Nun kann sich jeder ein Tomätchen greifen, es kurz in die gewürzte Salzmischung tupfen und verspeisen. Das macht kaum Arbeit, sieht gut aus und hebt die Stimmung bei denen, die immer können.

MARSALA-CHAMPIGNONS

SIE BRAUCHEN:

1 Pfund feste weiße oder rosa Champignons,
Marsalawein und Petersilie, Salz, Pfeffer

Auch das ist eine besonders einfach herzustellende Nascherei. Putzen Sie die Pilze und stellen Sie sie kopfüber in eine Auflaufform. Gießen Sie ein oder zwei Gläschen von dem süßen Wein darüber und lassen Sie den Ofen kochen. Bei 150° wird er es in etwa einer Stunde geschafft haben, daß der Wein karamelisiert und die Champignonköpfe dunkel sind, duften und wonnig schmecken. Sie brauchen nur noch etwas Salz, Pfeffer und Petersilie darüberzustreuen.

VORRATSHALTUNG

Niemand muß alle Vorräte für den Ernstfall bunkern. Es genügt, die Basisvorräte für ein bestimmtes Gericht anzuschaffen. Wenn es geschmeckt hat, wird es der Koch sowieso bald wiederholen und bei nächster Gelegenheit variieren. In jedem Haushalt gibt es Pfannkuchenphasen, Reisepochen oder die Spaghettisaison. In diesen Zeiten ist automatisch alles im Haus, was für ein spezielles Gericht nötig ist. Meistens bleiben die Zutaten auch über die Lieblingszeit hinaus in der Schublade, so daß sich über kurz oder lang das im Schrank befindet, was typisch für eine solide Schlampenküche ist: Überhaupt nichts und dennoch alles.

Mit den folgenden Basiszutaten sind Sie recht gut ausgestattet. Bei allen Vorräten, außer bei den Gewürzen, finden Sie Seitenhinweise, so daß Sie schnell sehen können, ob Sie auf das Rezept Appetit haben, ob das, was Sie haben, in irgendeiner Weise kochtauglich ist oder nur Beiwerk und was Sie noch brauchen (oder vielleicht ebenfalls schon haben).

Kaufen Sie diese Sachen nach und nach. Alle brauchen Sie sowieso nicht, dafür vielleicht ähnliche, die Ihnen besser gefallen. Wenn Sie Ihren Vorratsschrank ab und zu auffüllen und hin und wieder etwas Frisches wie Gemüse, Fisch und Fleisch oder Obst vom Wegesrand mitbringen, haben Sie kulinarisch viele Möglichkeiten. Wenn nichts Frisches da ist, wird von den Vorräten gelebt.

Selbstverständliche Vorräte wie Salz, Brot und Butter kommen in der Einkaufsliste nicht vor, auch bestimmte Hilfsmittel wie Mais- oder Kartoffelstärke nicht, sondern nur die Dinge, mit denen man auch wirklich etwas anfangen kann, wenn der Hunger nagt. Manche Zutaten kommen im Rezeptteil nur einmal vor und werden deshalb auch nicht in der Notvorratsliste genannt, wieder andere werden trotzdem genannt, weil sie nützlich sind und weil sie zu den persönlichen Vorlieben der Schlampenköchin gehören, die dieses Buch geschrieben hat.

DAS WICHTIGSTE: GEWÜRZE UND KRÄUTER

Rosmarin, Thymian, Salbei, Zimt, Oregano, Lorbeer, Muskatnuß, Safran, schwarzer Pfeffer, rote Pfefferschoten, Madrascurry

UND IMMER FRISCH:

Knoblauch, Ingwer, ein Kräuterstrauß

UND IMMER WICHTIG:

Oliven 13, 63, 65, 66, 97, 101, 102
Kapern 40, 63, 65, 68, 107, 112, 114, 118, 141

UND IMMER NÖTIG:

Zitronen

FETTE, ÖLE

Butter, Frühstücksspeck, Olivenöl, geschmacksneutrales Öl

MILCHPRODUKTE, EIER

Haltbare Sahne, sauer und süß 14, 25, 31, 41, 43, 49, 70, 74, 90, 99, 112, 121
Joghurt 40, 44, 76, 89, 117, 120
Quark 91, 120, 122, 135
Harter Käse (Pecorino, Parmesan, Emmentaler) 26, 28, 30, 54, 60, 64, 65, 66, 67, 68, 70, 83, 87, 89, 93, 136
Frischkäse (Ricotta, Schafskäse, Ziegenkäse, Philadelphia, Quark) 34, 43, 49, 60, 82, 101, 129, 138, 140
Eier 13, 16, 18, 19, 32, 38, 40, 43, 46, 47, 48, 49, 53, 55, 56, 57, 58, 60, 74, 81, 88, 112, 119, 120, 123, 132, 133, 134, 135, 136, 138

NICHT ZU VERGESSEN: FONDS, BRÜHEN

Brühwürfel, Pasten oder Fonds im Glas von Fisch, Huhn, Rind und Gemüse 22, 23, 26, 32, 112, 136

FISCHKONSERVEN

Lachskaviar (Ketakaviar oder Forellenkaviar) 40, 81, 113, 133
Thunfisch 31, 36, 40, 53, 61, 64, 68, 85, 86, 134, 141
Sardellen im Glas oder Sardellenpaste 14, 40, 61, 65, 70, 81, 118, 134
Muscheln im Glas oder spanische Muschelkonserven in Dosen 29, 69
Ölsardinen 18, 19, 61

TIEFGEKÜHLTE MEERESFRÜCHTE

Frutti di mare und Garnelen 16, 29, 41, 47

GEMÜSE, FRISCH UND VIELE TAGE LANG HALTBAR

Kartoffeln 12, 18, 20, 21, 23, 40, 53, 68, 90, 91, 92, 107, 108, 109
Zwiebeln und Frühlingszwiebeln 18, 25, 26, 29, 33, 36, 53, 58, 61, 65, 67, 71, 73, 75, 77, 99
1 Bund Suppengrün (Karotte, Sellerie, Porree), auch Staudensellerie oder Fenchel 20, 21, 29, 31, 33, 37, 58, 71, 72, 73, 74, 87, 100, 101, 127, 131
Rote Bete 87, 89, 115

GEMÜSE, TIEFGEFROREN

Erbsen 25, 30, 60, 72, 73
Spinat 25, 56, 60, 65, 66, 82, 94, 108, 139

GEMÜSE, GETROCKNET

Steinpilze 28, 67, 91, 104
Getrocknete Tomaten in Öl eingelegt 13, 43, 45, 101, 108

GEMÜSE IM GLAS ODER IN DER DOSE

Bohnenkerne, weiß, rot, grün 19, 31, 32, 35, 36, 38, 88, 108
Geschälte Dosentomaten 22, 34, 60, 61, 63, 65, 69, 94, 97, 111, 143
Rote Bete 23, 24, 105

REIS, GETREIDE UND GETREIDEPRODUKTE

Tiefgekühlter Teig (Blätterteig, Hefeteig) 58, 61, 81, 138
Mehl 14, 47, 54, 56, 58, 81, 86, 93, 123, 129, 135
Nudeln 23, 53, 54, 64, 65, 67, 68, 69, 70, 137
Reis (Basmati, Patna, Naturreis) 23, 53, 71, 72, 73
Reis für Risotto (Arborio, Carnaroli) 26, 28, 29, 30
Reisnudeln oder Glasnudeln 74, 85, 126, 127
Perlgraupen 31

GETROCKNETE HÜLSENFRÜCHTE

Bohnen 35, 108
Linsen 24, 33, 75, 76, 109

WÜRZSAUCEN UND -PASTEN

Selbstverständlich Senf, darüber hinaus schwarzer Olivenbrei (Tapenade) 45, 66
Basilikum Pesto (Pesto Genovese) 43, 45, 68
Sojasauce 18, 62, 72, 73, 84, 85, 86, 106
Sardellenpaste in der Tube (siehe unter Fischkonserven)
Tomatenmark 43, 109, 117, 119

GELEES, KONSERVIERTE FRÜCHTE, NÜSSE, KERNE

Aprikosen in Dosen und Pflaumen im Glas und anderes Obst 47, 49, 71, 99, 109, 115, 117, 120, 121, 122, 135
Pinienkerne 13, 25, 65, 69
Walnüsse 67, 69, 121
Tiefgekühlte Beeren 46, 49, 121

ZITRUSFRÜCHTE

36, 41, 49, 98, 99, 105, 114, 117, 123, 128

KLEINE WARENKUNDE

Diese persönlichen Erkenntnisse und Erfahrungen einer Schlampenköchin wurden von niemandem gesponsert. Vielleicht finden Sie sie brauchbar, vielleicht machen Sie andere Erfahrungen.

BROT

Brot: Außer Ihrem Frühstücksbrot sollten Sie ein **Baguettebrot** und ein **Fladenbrot** im Tiefkühlfach horten oder eine italienische **Ciabatta.** Aufgewärmt schmeckt weißes Brot gut zu Joghurtsaucen, Gemüsepfannen und Fleischgerichten, die mit Sauce auf den Teller kommen. Mit Pumpernickel kann man Saucen binden und Fruchtjoghurt verschönern.

BRÜHE

Pasten von Oscar, **gekörnte Brühe** von Maggi oder **Fonds im Glas** von Lacroix, ganz egal, ob Huhn oder Kalb, auf jeden Fall sollten Sie auch die **Gemüsebrühwürfel** von Cenovis aus dem Reformhaus kaufen. Mit einem Schluck Sherry oder Madeira und ein paar Schnittlauchstückchen bekommt man eine gute Brühe. Außerdem kann man mit diesen Brühen Saucen herstellen und verlängern und Speisen würzen.

ESSIG UND WÜRZSAUCEN

Wenn Sie **Zitronen** oder eine kleine Flasche **Zitronensaft** von Hitchcock im Haus haben, sind sie gerettet. Kaufen Sie trotzdem eine Flasche **Aceito balsamico** für Salate und um einen Bratansatz vom Steak oder Huhn zu lösen und zu würzen, und guten **Rotweinessig** und **Weißweinessig** für alle Fälle. **Ketchup** von Heinz, **Sojasauce** von Kikkoman, **Worcestershiresauce** von Lea & Perrins und **Hot Pepper Sauce** oder **Tabasco. Tomatenmark** in der Tube ist unbedingt nötig für Saucen.

GETREIDE UND GETREIDEPRODUKTE

Spaghetti, Tagliatelle, Fettucine, Linguine, Rigatoni und **Penne** schmecken alle auch kalt als Salat und am nächsten Tag gut gewürzt und aufgebraten. Am besten sind Hartweizennudeln aus Italien, denn die bestehen die Al-dente-Bißprobe, auch wenn sie gar sind. Es gibt inzwischen gestreifte und buntkarierte, mit allerlei natürlichen Farbstoffen gefärbte Nudeln und sündhaft teure von Cipriani. Nehmen Sie, was Sie wollen, Hauptsache, die Sauce schmeckt.

JOGHURT

In türkischen Läden gibt es große 1000-g-Eimer mit Joghurt, die in den Sommermonaten auch in kleinen Haushalten bestimmt aufgebraucht werden. Daraus kann man **Ayran** herstellen, indem man Joghurt und Wasser zu gleichen Teilen mischt, mit Salz würzt und einmal durch den Mixer jagt. Das schmeckt gut gekühlt sehr köstlich. Der **griechische Joghurt** mit dem Namen Total ist fett und wunderbar.

KÄSE

Ein ordentlicher Brocken **Parmigiano Reggiano**, in ein dünnes Tuch und dann in Folie gehüllt, hält sich recht lange im Kühlschrank. In dünne Scheiben gehobelt, nobelt der **Parmigiano** grüne Salate auf, in dickeren Bröckchen ist er mit oder ohne Obst ein Dessert. **Grana Padana,** die etwas einfachere Parmesan-Sorte, gehört an die Nudeln, an Reis, Gratins und Aufläufe. Der geriebene Parmesan in Dosen sollte im Supermarkt stehenbleiben. An manchen Käsetheken gibt es verschiedene Sorten frisch geriebenen Hartkäse wie **Gouda** oder **Emmentaler,** die aber ziemlich schnell schimmeln. Am Stück halten sie sich besser.

KONSERVENDOSEN UND GLÄSER

Ganze geschälte **Tomaten in der Dose oder im Paket, Tomatenstücke für Pizza.** Die besten sind die ganzen, ovalen, geschälten italienischen Tomaten. Sie sind gut für Nudelsaucen, Suppen, heiße Töpfe und Bratensaucen. Bei billigeren Angeboten sind meistens ein paar kleine Saatkörner oder Tomatenhautstückchen mit eingedost. Diese Dosen sind nicht schlechter. Wer will, nimmt sein Sieb in Betrieb. **Thunfisch in der Dose** ist vielfältig zu verwenden. Nehmen Sie den, der nur in Wasser und Salz eingelegt ist, oder den in Olivenöl. **Oliven** im Glas schmecken nach fast gar nichts und sind gefärbt. Kaufen Sie daher nur die eingelegten, die es lose zu kaufen gibt, bedecken Sie sie mit Öl und verschließen Sie sie in einem Glas.

KRÄUTER UND GEWÜRZE

Gegen die Langeweile auf dem Teller helfen Kräuter und Gewürze. Zum Beispiel frisches oder getrocknetes **Basilikum** für Tomaten, **Rosmarin, Thymian** und **Salbei** für Fleisch und **Fenchel** für Fisch.

Auch Gewürze machen munter: **Cayennepfeffer** oder zerbrochene **rote Pfefferschoten** spitzen Saucen an, **Zimt** wärmt gedünstete Pflaumen. **Knoblauchpulver** allerdings, **Zwiebelpulver** und **gewürztes Salz** sollten sofort im Mülleimer verschwinden. Sie sind meistens synthetisch und schmecken fies. Getrocknete Gewürze können nach einem Jahr weggeworfen werden oder im Kräuterbad den letzten Dienst erweisen, denn dann haben sie ihre Würzkraft ausgehaucht. Kaufen Sie deshalb nur kleine Mengen. Und versagen Sie sich die praktischen trockenen Gewürzmischungen, außer vielleicht scharfen Madras-Curry. Würzen Sie lieber mit einzelnen intensiven Aromen und wechseln Sie diese häufiger. **Pfeffer** und **Muskatnuß** sollten Sie nicht

gemahlen kaufen. Wenn Sie diese Gewürze nicht frisch mahlen beziehungsweise reiben, bringen Sie sich um einen ganz wesentlichen Genuß.
Kaufen Sie die Gewürze auf der Einkaufsliste. Das ist erst der Anfang. Wer indische oder chinesische Varianten liebt, wird auch an **Kurkuma** und **Kreuzkümmel, Koriander, Hoi-sin-Sauce, Tandooripaste, Sesamöl** und **Sojasauce** nicht vorbeikommen. Wer Fischsuppen liebt, braucht **Fenchelsamen** und **Pernod.** Wer gern vom frischen Fisch schnell ein Scheibchen vernascht, braucht **Nori-Algenblätter** und **Wasabi,** den grünen, scharfen Meerrettich. Ohne **Ingwer** und **Knoblauch** ist ein Haushalt aufgeschmissen. **Ingwer** wird in frischer Form angeschafft und in einer Plastiktüte im Kühlschrank aufbewahrt oder geschält und in einem Glas mit Sherry bedeckt. **Schnittlauch, Dill** und frische **Petersilie** schmücken als frischer Strauß die Küche und werden wöchentlich erneuert oder in Plastiktüten im Kühlschrank aufbewahrt, da machen sie auch nach mehreren Tagen noch nicht schlapp. **Alkoholische Würzmittel** braucht der Koch. Es gibt Minifläschchen mit **Madeira, Sherry** und **Portwein,** mit **Grand Marnier, Cognac, Pfefferminzlikör** und was der Gutschmecker sonst noch in das Gewürzregal stellen mag.
Zu den brauchbaren Würzmitteln gehören auch **Johannisbeergelee** und **getrocknete Pflaumen, Mintjelly** und **Senf.** Senf ist sehr vielseitig. Fisch, Huhn, Schwein, Rind, alles kann damit bestrichen werden, bevor es in der Bratröhre landet. Ein **scharfer Senf** aus Dijon oder Düsseldorf und ein **milderer, körniger Senf** für Vinaigrettes und andere Salatsaucen sollten in keinem Vorratsschrank fehlen.

ÖLE UND FETTE

Ein gutes **Olivenöl extra vergine** braucht man auf jeden Fall für Salate. Nehmen Sie kein Olivenöl zum scharfen Anbraten. Dafür eignet sich eher **Sonnenblumenöl.** Wer Special Effects bei Salaten und Rohkost liebt, stellt sich auch eine Flasche **Walnußöl** in den Schrank.
Zum Braten, Kochen und Backen braucht der Koch **Butterfett**. Das teure **Ghee** aus dem Indienladen oder das billigere **Butaris** aus dem Supermarkt, wie man will. Butterfett ist Butter, die von Molke befreit ist. Butterfett ist sehr lange haltbar, hat den richtigen Buttergeschmack und ist hoch erhitzbar.

REIS

Reis ist billig, und wenig davon kann viele satt machen. Er nimmt jede Art von Geschmack an, ob der nun von Pilzen, Tomaten oder Fisch stammt. Für die tägliche Handvoll Reis ist Basmati die beste Wahl. Er braucht nur 10 Minuten, bis er gar ist, und es lohnt sich nicht, Kochbeutel zu kaufen. Also: **Patnareis** oder den feinen, nussigen **Basmati.**
Aborio oder **Carnaroli** aus Italien kochen cremig und sind genau richtig für Risotto. Wenn Sie ihn nicht bekommen, nehmen Sie **Milchreis,** der auch sehr weich wird, aber man muß dabei stärker aufpassen, denn er matscht leicht und taugt eher für Nachspeisen.

REGISTER
ALPHABETISCH

REGISTER
NACH HUNGER

Schlampenküche für verspielte Mütter

Auch Schlampen haben Kinder, und was macht die Chaotin mit Stil, wenn ihr Nachwuchs sich hungrig um den Tisch schart? Wie zaubert sie mit viel Phantasie und wenig Aufwand immer wieder Überraschungen für die kleinen Geschmacksbanausen? Das Kochbuch für die smart-schlampige Hausfrau, die Erziehungs- und Kochstress meidet wie die Pest.

Frech auf den Tisch

Hier ist das Buch für die unperfekte Frau, die große Feste feiern will, ohne deswegen Einkaufs-, Dekorations- und Kochpläne aufzustellen. Die meisten Rezepte lassen sich individuell am Herd weiter-entwickeln, und je nach Laune und Gegebenheit können ganze Menüs mit Würze und Variationen gezaubert werden.

DANKESCHÖN

Ich danke den ganz famosen Köchen vom Restaurant Rexrodt
in Hamburg, die mich über ein Jahr lang in ihre Töpfe gucken
ließen und mir viele geniale Tricks verrieten.
Bei denen ich lernte, pompösen Schaum zu schlagen und
mit raffinierter Schlichtheit Gäste zu verwöhnen.

Niels O. Nielsen, Chefkoch und multilingualer Sterneausstecher

Michele Minzera, Meister aller antipasti arrabbiati

Kazumasa Ohira, Sushi-Meister mit schwarzem Bratgürtel, Chef vom Restaurant Akira

Wieland Wilhelm, namibische Goldgabel

Thomas Petrak, Pott-Percussion und Velouté-Virtuose

Michael Skrzipitz, Korkenzieher

und besonders
Wolfgang Tuschmann, dem Patron, der mit dem Pumpernickel tanzt

IKUM KRDUTERLINGE KNOBLAUCH INGWE
IE DILL BASILIK

ELN SALZ PFEFFER PETERSILIE SCHNI

KRÄUTERLINGE KNOBLAUCH INGW

E DILL BASILIKUM KRÄUTERLING
CH

INGWER ZWIEBELN SA

SCHNITTLAUCH

BASIL
UNDBEIN SALZ PFE
NGWER ZWI
NGKNOBLAU INGWER

FFER INGWER BASILIK

KNOBLAUCH ZWIEBEL SA

E
DILL BASILIKU
SALZ
PFEFFER INGWE
KUM INGWER

IE

SCHNITT
BASILIK
KNOBLAUCH INGWER ZWIEBE
NGE